Horst Kretschmer/Joachim Stary
Schulpraktikum

Horst Kretschmer
Joachim Stary

Schulpraktikum

Eine Orientierungshilfe zum Lernen und Lehren

Lehren
Lernen

studium kompakt

Cornelsen
SCRIPTOR

Cornelsen online http://www.cornelsen.de

Bibliografische Information: Die Deutsche Bibliothek verzeichnet diese Publikation in der Deutschen Nationalbibliografie; detaillierte bibliografische Daten sind im Internet über http://dnb.ddb.de abrufbar.

Dieses Werk berücksichtigt die Regeln der reformierten Rechtschreibung und Zeichensetzung.

9.	8.	7.	6.	5.	€	Die letzten Ziffern bezeichnen
09	08	07	06	05		Zahl und Jahr der Auflage.

Redaktion: Stefan Giertzsch, Berlin
Herstellung: Brigitte Bredow, Berlin
Umschlaggestaltung: Bauer + Möhring, Berlin
Satz: FROMM MediaDesign GmbH, Selters/Ts.
Druck und Bindung: Clausen & Bosse, Leck
Printed in Germany
ISBN 3-589-21107-5
Bestellnummer 211075

Gedruckt auf säurefreiem Papier,
umweltschonend hergestellt aus chlorfrei gebleichten Faserstoffen.

Inhaltsverzeichnis

Liebe Leserin! Lieber Leser!*

An wen denken wir bei dieser Anrede?

An *Studierende,* die sich auf ein Schulpraktikum vorbereiten.
An *Praktikantinnen,* die aktuelle Hilfe suchen.
An *Mentoren* in der Schule.
An *Hochschuldozentinnen,* die Praktika betreuen.

Unser Buch müssen Sie nicht hintereinander lesen, sondern können je nach Interesse oder Fragestellung einzelne Kapitel und Abschnitte für sich allein bearbeiten. Inhaltsverzeichnis und Sachregister werden Sie entsprechend leiten.

Durch viele Zitate geben wir unseren Praktikantinnen das Wort. Ihre Anregungen und Fragen haben uns motiviert, dieses Buch zu schreiben. Für die Handlungssituationen des Schulpraktikums haben wir versucht, Handlungswissen aus den Erziehungs- und Sozialwissenschaften, der Schulpädagogik, der Allgemeinen Didaktik und den Fachdidaktiken zusammenzustellen.

Es würde Rahmen und Absicht unseres Ratgebers sprengen, zusätzlich das auch erforderliche wissenschaftliche Wissen auszubreiten, Herkunft und wissenschaftstheoretische Problematik verschiedener Theorieansätze zu entfalten und die grundsätzliche Schwierigkeit des Theorie-Praxis-Verhältnisses zu erörtern.

Wenn Ihnen manches zu „praxeologisch“ erscheint, wenn wir zuweilen auf Selbstverständlichkeiten hinweisen, vielleicht sogar Banalitäten aufführen, so deshalb, weil auch die Nichtbeachtung von Banalem im Unterricht zu Schwierigkeiten führen kann. Gerade weil die Arbeit in der Schule heute schwieriger geworden ist, sollte auch auf kleine Stolpersteine geachtet werden.

Vielleicht dürfen wir uns mit Ihnen darin einig wissen, dass Schule auch im nächsten Jahrhundert eine Zukunft hat. Nicht als eine buntere Medienwelt mit noch mehr Zerstreuung und höherer Geschwindigkeit, sondern als ein Ort gemeinsamen Lernens und Handelns, als ein Angebot zur Konzentration und Vertiefung, zur Muße und zur Kreativität.

Horst Kretschmer
Joachim Stary

---

* Wir verwenden teils die männliche, häufiger die weibliche Form, meinen aber immer beide Geschlechter.

1. Einleitung

In den folgenden beiden Abschnitten wollen wir Sie auf einige allgemeine Bedingungen und Probleme schulpraktischer Studien hinweisen und Sie dabei zu kritischen Fragen herausfordern.
Welche Funktion haben Praktika? In welchem Verhältnis stehen Berufswahlmotivation und berufliche Aufgabenfelder zueinander? Wo finde ich meinen Platz in dem Rollengefüge von Schüler – Lehrer – Praktikant? Welche Tipps, Hinweise, Hilfen gibt es, um mich im Betrieb Schule/Schulbetrieb zurechtzufinden und zu behaupten?

1.1 Studium und Praktikum

In den meisten Bundesländern sehen die Lehrerbildungsgesetze und Studienordnungen während der ersten Ausbildungsphase an Universitäten und Hochschulen Beobachtungs- und Unterrichtspraktika im Berufsfeld Schule vor. Umfang, Gewicht und Zielsetzung dieser berufspraktischen Studienanteile werden allerdings recht unterschiedlich bestimmt. Auch werden nicht überall sämtliche Lehrämter in diese Regelungen mit einbezogen. So gibt es beispielsweise in Baden-Württemberg keine Pflichtpraktika für Studierende des Lehramts an Gymnasien. Auch Umfang, Gewicht und Zielsetzung der berufspraktischen Studienanteile werden je nach Landesregelung unterschiedlich festgelegt.

So heißt es beispielsweise in § 38 der *bayerischen* Lehramtsprüfungsordnung: „Aufgabe und Ziel der Praktika während des Studiums sind die Einführung der Studierenden in die Schulpraxis der einzelnen Schularten und in die Fachpraxis der einzelnen Unterrichtsfächer. Nach einer Periode der Unterrichtsbeobachtung sollen die Studierenden eigene Unterrichtsplanung betreiben und auch erste Unterrichtsversuche durchführen. In der Beobachtung fremder und bei der Vorbereitung, Durchführung und Auswertung eigener Lehrversuche werden die Studierenden von Praktikumslehrern angeleitet" (Lehramtsprüfungsordnung, S. 42)

In § 7 der *Berliner* Praktikumsordnung wird für das Orientierungspraktikum bestimmt:
„Im Orientierungspraktikum ist das Tätigkeitsfeld Schule und ihr soziales Umfeld zu erkunden. Hierzu gehört der Erwerb von Kenntnissen über die Struktur des bestehenden Schulwesens, über die Konzeption begonnener oder geplanter Reformen, über die besondere Situation der Ausbildungsschule, das Sammeln von Daten über das Einzugsgebiet der Ausbildungsschule, die Erarbeitung der soziokulturellen Voraussetzungen der Klasse oder Lerngruppe sowie das Beobachten des Lern- und Sozialverhaltens der Schüler, des Unterrichtsstils und der erzieherischen Wirkung pädagogischer Maßnahmen sowie die Reflexion des berufsorientierten Handelns einschließlich der außerschulischen Einflüsse."

In § 8 wird als Funktion des Unterrichtspraktikums festgelegt:
„Das Unterrichtspraktikum soll den Studenten auf der Grundlage der Studienordnungen in die Fachpraxis des Unterrichts eines Faches oder eines Lernbereichs oder einer sonderpädagogischen oder einer beruflichen Fachrichtung einführen. Dies soll unter Berücksichtigung der jeweiligen schulischen Belange und unter Anknüpfung an die im Orientierungspraktikum gewonnenen Einsichten und Erfahrungen sowie an die in anderen Studienteilen erworbenen Kenntnisse erfolgen. Das Unterrichtspraktikum dient dem Erwerb von didaktischen Fähigkeiten durch die Erprobung von Unterrichtsverfahren und -methoden zur Verwirklichung von Lehrplänen und Lernzielen. Das Unterrichtspraktikum soll zum Planen von Unterricht, zur Vorbereitung von Unterrichtsvorhaben und zu eigenen Unterrichtsversuchen anleiten sowie die Fähigkeit zu einer situationsgemäßen Durchführung von Unterricht und zu seiner wissenschaftlichen Reflexion entwickeln." (Verordnung ..., S. 488)

Trotz aller Unterschiede besteht wohl Übereinstimmung darin, dass den Studierenden der Lehrämter bereits frühzeitig handlungsorientierte Erfahrungen in Berufsfeld und Berufsrolle ermöglicht werden, um so Berufswahl und Studierverhalten **selbst** bewusster entwickeln und gestalten zu können.

Die Rahmenrichtlinien aller Bundesländer beschreiben die Aufgaben der Schule mit dem allgemeinen Begriffspaar „Erziehung und Unterricht". Damit sind gleichzeitig die Arbeitsfelder der Lehrkräfte benannt. Betrachtet man das Ensemble der Lehrertätigkeiten genauer, so lassen sich folgende Teiltätigkeiten unterscheiden (Deutscher Bildungsrat 1970, S. 217 ff.): Lehren, Erziehen, Beurteilen, Beraten und Innovieren. Zur Ausführung dieser Tätigkeiten sind Kompetenzen erforderlich, die man allgemein unter den folgenden drei Begriffen zusammenfasst: Sach-/Fach-Kompetenz, Vermittlungs-/Methodenkompetenz, Beziehungs-/Sozialkompetenz. Die Bereitschaft zur Innovation muss als eine Grundeinstellung angesehen werden, die sich auf alle Kompetenzbereiche auswirkt. Innovationsbereitschaft basiert auf Flexibilität, Neugier, Kritikfähigkeit, lebenslangem Lernen.
Ergebnisse aktueller Befragungen (TERHART u. a. 1994, S. 113) lassen erkennen, dass Lehrerinnen und Lehrer ihren pädagogischen Aufgaben eine vorrangige Stellung einräumen und sich darin auch kompetent fühlen. Beziehungs-/Sozialkompetenz und Vermittlungs-/Methodenkompetenz gelten als zentrale Aspekte der Professionalität. (ebd., S. 115)
Demgegenüber werden Sie sich als Studierende am ehesten im Bereich Ihrer Fachwissenschaften kompetent fühlen. Zu gering sind die Studienanteile in Erziehungs-/Sozialwissenschaft und Fachdidaktik, um schon an der Hochschule Fähigkeiten der Unterrichtsführung und des Umgangs mit Schülern ausbilden zu können.

Welche Einstellungen haben Studierende zum Schulpraktikum?

Die Einstellung der Studierenden zu den schulpraktischen Studien ist unterschiedlich. Sie scheint mit der **Berufswahlentscheidung** zusammenzuhängen. Studenten, die schon bei Beginn des Studiums sicher wissen, dass sie Lehrer werden möchten, begrüßen die Praktika, bauen sie frühzeitig in ihren Studiengang ein und erwarten auch häufig eine Praxisorientierung der theoretischen Studienangebote. Andere Studierende haben eine Fächerkombination gewählt, sind sich aber durchaus nicht sicher, ob sie die Schule später als Berufsfeld wählen sollen/wollen. Für sie kann das Praktikum eine Entscheidungshilfe im Hinblick auf das weitere Studium sein.
Die Motive, die zur Aufnahme des Lehramtsstudiums führen und die durch das Praktikum eine Aktualisierung erfahren, lassen sich noch stärker differenzieren.
Wir beziehen uns wieder auf die Untersuchung von TERHART u. a. (1994, S. 57), die Lehrkräfte aller Schularten und Altersgruppen baten, rückblickend ihre Berufswahlmotive in ihrer damaligen Bedeutung einzuschätzen. Folgende Berufswahlmotive standen zur Auswahl:

1. Weil der Lehrerberuf schon immer mein Traumberuf gewesen ist.
2. Weil ich gerne mit Kindern und Jugendlichen arbeiten wollte.

3. Weil ich schlechte Erfahrungen in der Schule gemacht habe und es nun besser machen wollte.
4. Weil ich dachte, man habe eine wichtige gesellschaftliche Aufgabe.
5. Weil ich die Tätigkeit für abwechslungsreich und vielseitig hielt.
6. Weil ich glaubte, in diesem Beruf familiäre und berufliche Aufgaben gut miteinander verbinden zu können.
7. Weil ich mir ein anderes Studium nicht zugetraut habe.
8. Weil ich glaubte, man sei als Lehrer/Lehrerin in der konkreten beruflichen Arbeit weitgehend autonom.
9. Weil ich glaubte, die Ausbildung sei relativ kurz.
10. Weil ich gerne das Wissen in meinen Fächern weitergeben wollte.
11. Weil mich die Vorteile des Beamtenstatus angezogen haben.
12. Weil ich den guten Lehrern und Lehrerinnen, die ich gehabt habe, nacheifern wollte.
13. Weil ich dachte, dass man als Lehrer/Lehrerin viel Freizeit habe.

Die ersten Plätze in der Rangfolge der Berufswahlmotive wurden von Motiv 2 (Arbeit mit Kindern), Motiv 5 (abwechslungsreich) und Motiv 10 (Wissensvermittlung) besetzt. Unabhängig von den Unterschieden in der Studienwahlmotivation gibt es bei den Praktikanten auch unterschiedliche **psychische Voraussetzungen**. Manche sind erfolgsorientiert und gehen offensiv und handlungsbereit in das Berufsfeld. Für andere bringen die schulpraktischen Studien Unsicherheit und Angst mit sich. Sie reagieren mit Vorsicht und Skepsis, halten Distanz gegenüber der Lehrerrolle und der Institution Schule. Die folgenden Zitate aus Praktikumsberichten veranschaulichen dies:

> „Vor meinen ersten praktischen Erfahrungen im Unterrichten hatte ich große Selbstzweifel, ob der Beruf der ‚Lehrerin' für mich geeignet ist. Die Zweifel und die Angst wurden mir durch dieses Praktikum und vor allem durch die Unterstützung meiner Mentorin genommen." (Praktikantin – Hauptschule)
>
> „Ich sehe den kommenden vier Wochen mit Aufregung, Spannung, etwas Unbehagen und Angst vor dem Unterrichten entgegen.
> Mir ist die Phase des Praktikums im Studium besonders wichtig, da ich erstmalig offiziell die Möglichkeit habe festzustellen, ob ich den richtigen Beruf gewählt habe. Abschließend kann ich sagen, dass mich das Praktikum in meinem Wunsch bestärkt hat, Lehrerin zu werden." (Praktikantin – Hauptschule)
>
> „Zunächst möchte ich unterstreichen, wie wichtig und sinnvoll derartige Praktika sind, um das Lehramtsstudium angemessen gestalten zu können. Die Praktikumserfahrungen werden meine Studienplanung wesentlich beeinflussen.
> Als erste diesbezügliche Einsicht lässt sich festhalten, dass die fachwissenschaftliche Kompetenz nur eine von verschiedenen Tugenden eines Lehrers darstellt. Wahrscheinlich wesentlicher sind pädagogische und didaktische Kompetenz. Die Wissensvermittlung ist sogar nur möglich, wenn es dem Lehrer gelingt, eine Unterrichtsatmosphäre aufzubauen, in der ein Austausch möglich ist. Fraglich ist, wie eine solche pädagogisch-didaktische Kompetenz zu erlernen ist." (Praktikant – Gymnasium)

Die beiden ersten Zitate zeigen, dass Unterrichtspraktika einen wichtigen Beitrag leisten, um die „psychischen Voraussetzungen" für den Lehrerberuf bewusst zu machen und Angst und Unsicherheit abzubauen. Wenn die Schul- und Unterrichtssituation ihre Fremdheit für Sie verloren hat, wenn Sie Ihr natürliches Kommunikationsverhalten wiedergewonnen haben und sich auf Ihre Schüler freuen können, dann werden Sie auch schwierige Situationen meistern. Allerdings: Wenn Sie sich ungern anderen Menschen öffnen, wenig Konfliktfähigkeit besitzen, nur ein geringes Kommunikationsbedürfnis haben, vielleicht dauerhaft unter Ängsten leiden, sollten Sie Ihre Berufswahl überdenken. „Wer am liebsten immer allein und still ist, bleibt besser zu Hause, am Schreibtisch, in der Bibliothek ... Wer unterrichten will, muss kommunizieren, muss sich irgendwie zur Verfügung stellen, sich demzufolge öffnen. Sich öffnen heißt nicht, mit gesenktem Blick und verschränkten Armen irgendwelchen Lernstoff vor sich hin zu brabbeln. Es heißt, das Risiko eingehen, sich den Blicken und dem Urteil anderer zu stellen." (HANDKE 1997, S. 45 f.)
Das letzte Zitat des Gymnasialpraktikanten macht deutlich, wie die Erfahrungen aus dem Praktikum das Problembewusstsein des Studenten für die oben geschilderte Methoden- und Sozialkompetenz erhöht haben.
Es ist nicht unsere Absicht, diese unterschiedlichen Motive, Einstellungen und Gefühle zu bewerten, abzubauen oder zu verstärken. Wichtig ist uns, sie Ihnen als eine zu berücksichtigende Bedingung während des Praktikums bewusst zu machen.

Der Praktikant im Rollenkonflikt

Zu den individuellen Bedingungen kommen noch eine ganze Reihe institutioneller und rollenspezifischer Bedingungen schulpraktischer Studien. Die **Rolle** des Praktikanten ist ambivalent. Deshalb fühlt er sich bisweilen verunsichert. An der Universität ist die Rollenverteilung zwischen Dozenten und Studenten klar. Gleiches gilt innerhalb der Schule für Schüler- und Lehrerrolle. Der Praktikant steht hingegen zwischen allen. In der Schule ist er nicht mehr Student, sondern Praktikant und als solcher nicht mehr Schüler und noch nicht Lehrer. Die Studierenden fühlen sich besonders den 16- bis 20-jährigen Schülern alters- und generationsmäßig noch sehr nahe, vor allem wenn sie hospitierend unter ihnen sitzen. Sie sollen sich aber bei den eigenen Unterrichtsversuchen belehrend, bewertend, disziplinierend wie der Lehrer verhalten. Das folgende Zitat aus einem Praktikumstagebuch beschreibt diese Situation gut:

> „Im Moment stehe ich zwischen zwei Bänken: bin weder Lehrer noch Schüler, das eine war ich, das andere werde ich (wahrscheinlich). Zu beiden Gruppen hat man Distanz während eines Praktikums und ist dadurch doch noch objektiv beim ‚Bewerten', ‚Beobachten'." (GABEL 1997, S. 114)

TIPP: Rollendiffusität als Chance begreifen!
Wir empfehlen Ihnen, diese Rollendiffusität als Chance zu begreifen. Bewahren Sie sich Ihre etwas distanziertere Beobachterhaltung, den „fremden" Blick. Sie erhalten sich dadurch die Chance, das Handeln der Lehrer kritisch zu reflektieren und eigene pädagogische Leitvorstellungen zu bewahren.

Eine fraglose Übernahme von Vorurteilen, sozialen Stereotypen, Rollen- und Aktionsmustern wird dadurch gestört. Das damit gewonnene Problembewusstsein ist nicht zu verwechseln mit unsolidarischer die Schwierigkeiten der Lehrertätigkeit verkennender Kritiksucht durch Außenstehende.

Praktikanten: Belastungen für Lehrer?

Das Schulpraktikum bzw. die Anwesenheit von Praktikanten stellt auch für Lehrer eine Veränderung des Bedingungsfeldes dar.
Die Tätigkeit in der Schule ist zwar „öffentlicher Dienst", aber das individuelle Lehrerhandeln vollzieht sich eher unbeobachtet (wenn man von den betroffenen Schülern absieht) hinter den Klassentüren. Die Anwesenheit von Praktikanten stellt eine Öffentlichkeit her, an die der Lehrer nicht gewöhnt ist. Die persönliche, vielleicht sogar intime Atmosphäre der Schulstunde verändert sich für die Beobachteten durch die Beobachter. Für den Lehrer verschärft wird die Situation dadurch, dass nicht ein kontrollierender Beamter oder ein untersuchender Wissenschaftler beobachtet, sondern ein zukünftiger Berufskollege, dessen Aufmerksamkeit speziell auf die Professionalität des Handelns gerichtet ist. Die damit verbundenen Schwierigkeiten der Hospitationssituation werden von den Studentinnen auch in Praktikumstagebüchern geschildert:

> „Heute wollte mich eine Englischlehrerin partout nicht mit in ihren Unterricht nehmen. Sie ist noch jünger, und ich dachte, dass gerade deshalb mehr Offenheit bestehen würde. Aber genau dies ist nicht eingetreten. Danach war ich erstmal ganz schön frustriert." (GABEL 1997, S. 116)
>
> „Heute wollten wir noch eine andere Lehrerin fragen, ob wir die nächsten Wochen bei ihr in der Klasse sitzen dürfen. Als sie das hörte, war sie zwar nicht abgeneigt, aber hoch erfreut war sie auch nicht. Wir durften dann nicht gleich an diesem Tag zu ihr in die Klasse kommen, sondern erst ab Montag. Irgendwie schien ihr die Sache nicht so ganz geheuer zu sein, da sie sich entschuldigte, ganz ‚normalen' Unterricht zu machen. Sie sei nun mal schon 20 Jahre an der Schule und da bereitet man nicht mehr jede Stunde vor. Scheinbar beachtete sie nicht, dass wir Studenten und keine Kritiker sind, die an ihrem Unterricht etwas auszusetzen haben." (GABEL 1997, S. 117)
>
> „Sie zeigte sich allerdings nicht so begeistert, denn gerade heute hätte sie ‚nichts Besonderes' vorbereitet. Das ist überhaupt die größte Angst der Lehrer, bei denen wir zuschauen wollen. Als ob wir immer nur ‚Vorführstunden' sehen wollten." (GABEL 1997, S. 117)

Wie gehen Lehrer mit der Situation um, Praktikanten aufzunehmen?

Die in den vorstehenden Zitaten beschriebenen Abwehrreaktionen werden auch von Lehrerseite bestätigt. Ruth WEBER, Schulleiterin der Peter-Petersen-Grundschule in Berlin, beschreibt die Widerstände ihrer Kolleginnen so:

„a) Ein Fremder in der Klasse, vor allem jemand, der einige Wochen dabei sein soll, bringt Unruhe, Veränderung, stört den gewohnten Rahmen (Trott?).
b) Der Lehrer fühlt sich unfrei, beobachtet, vielleicht kritisiert.
c) Nicht jeder Lehrer ist auf dem Laufenden, was die Entwicklung in den Hochschulen angeht. Wird noch dieselbe Fachsprache genutzt, oder ist schon wieder alles ganz anders? Die Blöße, nicht up to date zu sein, mag sich keiner geben.
d) Studenten das Unterrichten beizubringen, bedeutet für manche eine sehr große Verantwortung. Mache ich denn selber alles richtig? An dieser Stelle kommt wieder einmal das häufig konstatierte geringe Selbstwertgefühl von Lehrern zum Tragen.“ (WEBER 1994, S. 102)

Andererseits freuen sich viele Lehrkräfte, einen Gesprächspartner zu haben, mit dem man zukünftige oder abgelaufene Stunden erörtern kann, der neue Ideen von der Universität mitbringt, der den Schülern als Vertreter einer wesentlich jüngeren Generation gegenübertritt und in dessen Unterrichtsversuchen man seine Schüler auch einmal in Ruhe beobachten kann. Zu zweit werden jetzt Unterrichtsformen und -experimente möglich, die man allein nicht glaubte durchführen zu können (Binnendifferenzierung, Gruppenarbeit o. Ä.).
Andere demonstrieren gegenüber dem Praktikanten deutlich ihre Zeitnot, die Überforderung durch die vielfältigen Tätigkeiten. Sie ermöglichen zwar Hospitationen und Unterrichtsversuche, thematisieren aber weder ihren eigenen Unterricht noch setzen sie sich intensiver mit den Planungen der Studenten auseinander.
Viele Lehrer beklagen allerdings auch Mängel in der Vorbereitung der Studenten durch die Hochschule. Folgende Wünsche hat Ruth WEBER zusammengetragen:

„a) Die Praktikanten sollen das Schulwesen in seinem Aufbau kennen.
b) Sie sollen die Rahmenbedingungen der Grundschule (Grundschulordnung, Rahmenpläne) kennengelernt haben.
c) Das Raster der Unterrichtsplanung (Unterrichtsentwurf) sollte bekannt und erprobt worden sein.
d) Sie sollen Kenntnisse über Informationsquellen zur Unterrichtsvorbereitung haben, ...
e) Sie sollen einen Beobachtungskatalog, Fragenkatalog erarbeitet haben, mit Hilfe dessen sie Schulleben und Unterricht gezielt kennenlernen können.

f) Sie sollten vor Beginn des eigentlichen Praktikums zur Eingewöhnung an der Schule hospitieren, um die Situation der Schule, die Schüler, die in der Klasse üblichen Rituale, den Wochenrhythmus, die Sprache der Kinder kennenzulernen.
g) Sie sollen ihre Unterrichtseinheit im groben Rahmen planen, die dazugehörenden Materialien beschaffen, Unterrichtsgänge und Besichtigung vorbereiten.“ (WEBER 1994, S. 104)

Wie kann man als Praktikantin oder Praktikant mit diesen unterschiedlichen Verhaltensweisen und Erwartungen umgehen?

Dazu einige TIPPS:

1. Im hektischen, personenreichen Schulleben fallen Sie nicht weiter auf. Einige halten Sie für eine neue Schülerin, andere für irgendeine Besucherin. Warten Sie nicht, bis man auf Sie zukommt. Sie müssen schon selber initiativ werden, Lehrkräfte ansprechen, sich vorstellen, Ziele des Praktikums erläutern, Informationen über Ihr Studium geben.
2. Als Nichtraucherin sollten Sie sich auch im Raucherlehrerzimmer vorstellen und umgekehrt.
3. Äußern Sie Ihr Interesse an Hospitationen nicht zu kurzfristig. Ein Tag oder mehr als Spielraum erzeugt größere Bereitwilligkeit.
4. Nehmen Sie die Antwort, man werde den Kontakt zu Ihnen per Telefon suchen, nicht zu wörtlich. Es kann sein, dass Sie vergeblich auf einen Anruf warten.
5. Fragen Sie die Lehrkraft vor einer Hospitation, ob sie Ihnen einen speziellen Beobachtungsaspekt empfiehlt. Daran anknüpfend lässt sich nach der Stunde leichter ins Gespräch kommen.
6. Teilen Sie Beobachtungen mit oder stellen Sie Fragen zu den Lehrerhandlungen, vermeiden Sie aber Wertungen oder Urteile.
7. Wecken Sie das Interesse für Ihre Unterrichtsversuche, indem Sie eigene Ideen und Konzepte vorstellen und dann gezielt um Beratung bitten.
8. Wir haben in den vorangegangenen Abschnitten eine ganze Reihe von Informationen zu Berufswahlmotiven, Tätigkeitsmerkmalen und Kompetenzen von Lehrern zusammengestellt. Nutzen Sie diese als Anknüpfungspunkte für Fachgespräche.

9. Berücksichtigen Sie, dass die Schule zwar zur Bereitstellung von Praktikumsplätzen verpflichtet ist, die einzelnen Lehrerinnen und Lehrer aber die Zusammenarbeit mit Ihnen freiwillig leisten, sofern sie nicht Funktionsträger (Fachbereichsleiter, pädagogischer Koordinator, Schulleiterin) sind.

10. Für die Durchführung der Praktika sind nicht nur die Schulen, sondern auch die Hochschulen verantwortlich. Sie sollten also auch die Beratung durch Ihren Dozenten in Anspruch nehmen.

Vielleicht studieren Sie aber auch an einer Hochschule, die das Praktikum gut organisiert, die dafür sorgt, dass Sie ein bis zwei Lehrern zugeteilt werden, die Sie während der gesamten Praktikumszeit betreuen und auch die Durchführung der an der Hochschule vorbereiteten Unterrichtsplanungen ermöglichen. Dann benötigen Sie die Hinweise aus den obigen zehn Punkten nicht.
Nach den einleitenden, stärker inhalts- und problemorientierten Überlegungen zu den Tätigkeitsfeldern, Kompetenzen, Schwerpunktsetzungen und Berufswahlmotiven von Lehrern sowie der Praktikantenrolle stellen wir im folgenden Abschnitt einige Hinweise zusammen, die Ihnen bei der Organisation und konzeptionellen Gestaltung Ihres Praktikums helfen sollen.

1.2 Vor dem Praktikum

Für die Studienanfänger oft verwirrend sind die vielen unterschiedlichen Teilstudiengänge des Lehramtsstudiums. Fachwissenschaften, Fachdidaktiken, Grundschulpädagogik, Erziehungs- und Sozialwissenschaften und Praktika sollen über die gesamte Studienzeit gleichmäßig verteilt und sinnvoll aufeinander bezogen werden. Und dies ohne genauere Kenntnis der jeweiligen Studieninhalte. Deshalb raten wir:

- Gehen Sie regelmäßig in die Studienberatung der Fachbereiche/Fakultäten!
- Befragen Sie Hochschullehrer in ihren Sprechstunden!
- Nutzen Sie die Beratungsangebote von pädagogischen Werkstätten (nicht an jeder Universität), Praktikumsbüros, studentischen Initiativgruppen u. Ä.

TIPP: Frühzeitig Praktika absolvieren!

Wir empfehlen, schon bei der Studienplanung die zeitliche Eingliederung der verschiedenen Praktika zu bedenken. Das erste Praktikum, das in den meisten Bundesländern der Orientierung, Beobachtung, Hospitation dient, sollte möglichst früh absolviert werden, also nach dem 1. oder 2. Studiensemester. Die folgenden Praktika sind oft mit eigenen Unterrichtsversuchen im Grundschul- oder Fachunterricht verbunden. Deshalb sollten sie erst begonnen werden, wenn das Grundstudium des jeweiligen Faches abgeschlossen ist, also etwa vom 4. Semester an.

Oft werden die Praktika in unterschiedlicher Organisationsform angeboten: während oder außerhalb der Vorlesungszeiten; als zusammenhängender Block (drei bis vier Wochen) oder als Tagespraktika ein bis zwei Vormittage pro Woche. Auch die Kooperation und Einbindung von Mentoren und Hochschullehrern in die Organisation, Vorbereitung und Durchführung der Praktika unterscheiden sich zum Teil erheblich. Jedes dieser Organisationsmodelle hat Vor- und Nachteile. Individuelle Lebens- und Studienbedingungen (Regelstudienzeit, Job u. Ä.) werden Ihre Entscheidung für eine Form bestimmen. Dennoch scheint uns der folgende Hinweis bedenkenswert.

TIPP: Das Praktikum ernst nehmen!

Wenn das Praktikum für Sie eine Entscheidungshilfe für die Berufswahl und nicht nur ungeliebte „Schein"-Erfüllung sein soll, dann müssen Sie es ernst nehmen.

Es beansprucht durchaus die ungeteilte Aufmerksamkeit des Praktikanten (also wenige sonstige Verpflichtungen parallel eingehen) und kann nicht nur touristisch (ein exotischer Vormittag in der Schule während der Semesterwoche) betrieben werden. In den **Lebens**raum Schule sollte vertieft und kontinuierlich eingetaucht werden, um zu er**leben**, ob man dort und mit diesen Menschen auf Dauer arbeiten kann und will. Diese Empfehlung wird unterstützt durch aktuelle Überlegungen zur Weiterentwicklung der Lehrerausbildung. So empfahl beispielsweise die „Kommission Schulpädagogik: Lehrerausbildung/Didaktik" der Deutschen Gesellschaft für Erziehungswissenschaft im April 1997 anstelle „sporadischer Schulkontakte ... unter den Kriterien der Kontinuität, Intensität der Erfahrung und wissenschaftlicher Begleitung ausgestaltete Praxisphasen" (Arbeitspapier für GEW-Forum, S. 18).
Wie in allen sozialen Berufen ist auch beim Lehrerberuf die Fähigkeit und Bereitschaft zu Kommunikation und Interaktion mit Menschen unterschied-

licher Herkunft verschiedenen Alters einzeln oder in Gruppen besonders wichtig. Sie kann trainiert und verbessert werden.

TIPP: Soziale Kompetenz trainieren!

Trainieren und verbessern Sie Ihre sozialen Fähigkeiten auch in außerschulischen Praxisfeldern (Jugendarbeit in Sportgemeinschaften, Verbänden, Parteien, Kirchen; Begleitung von Klassenfahrten, Ferienfreizeiten; Schularbeitszirkel, Nachhilfe u. Ä.).

Erste Kontakte zur Praktikumsschule

Die Bereitstellung von Praktikumsplätzen ist organisatorisch in den Bundesländern unterschiedlich geregelt. In manchen können sich die Studierenden die Schulen selber suchen, in anderen werden die Plätze durch die Schulbehörden, die Praktikumsbüros oder die Dozenten zugewiesen. Für die verschiedenen Lehramtsstudiengänge schreiben Praktikums-/Studienordnungen auch unterschiedliche Schultypen bzw. -stufen vor.

TIPP: Frühzeitige Kontaktaufnahme!

1. Melden Sie sich möglichst frühzeitig (ca. zwei Monate vorher) telefonisch bei der Praktikumsschule und bitten Sie um einen Vorstellungstermin.
2. Bitten Sie um Kontaktmöglichkeiten mit dem vorgesehenen Mentor.
3. Äußern Sie Ihr Interesse an vorangehenden Hospitationen in den vorgesehenen Schulklassen.
4. Erläutern Sie Ihre bisherigen Studien- und Praxiserfahrungen und beschreiben Sie Ihre Lerninteressen.

In manchen Fällen sind die Praktika von den Hochschullehrern auch inhaltlich so weitgehend vorbereitet, dass die Beobachtungs- oder Unterrichtsaufgaben gemeinsam mit den Praktikanten entwickelt wurden und somit bei Praktikumsbeginn bereits festliegen. Ist dies nicht der Fall, so muss die Praktikantin diese Fragen mit Schulleiterin und Mentorin selbst klären.

TIPP: Gute Gesprächsvorbereitung!

Auf ein solches Gespräch sollten Sie sich gut vorbereiten, um die Voraussetzungen für eine **selbst**bestimmte und **selbst**bewusste Praktikumsphase zu schaffen.

Meistens sind Schulen bereit, ihre Vorgaben weit und liberal zu formulieren und studentischen Wünschen entgegenzukommen, vorausgesetzt diese werden überzeugend begründet. Als Vorbereitung können folgende **Fragen** dienen:

Vorgaben	■ Gibt es Vorgaben der Universität für das Praktikum, auf die ich noch einmal hinweisen muss (Zahl der Hospitationen und Unterrichtsversuche)? ■ In welcher Weise ist das Praktikum schriftlich vorzubereiten, zu begleiten, auszuwerten, zu dokumentieren?
Eigene Interessen/ Wünsche	■ Möchte ich allein oder mit anderen gemeinsam praktizieren? ■ Suche ich personale/soziale Kontinuität (Zuordnung zu einem Lehrer und einer Lerngruppe für einen längeren Zeitraum) oder häufigeren Wechsel? ■ In welchen Schul-/Klassenstufen und welchen Fächern möchte ich bevorzugt hospitieren? ■ In welchem Fach/bei welchen Schülern möchte ich eigene Unterrichtsversuche unternehmen? ■ Welche Unterrichtsthemen möchte ich bearbeiten?
Beobachtungsschwerpunkte	Welche möchte ich setzen? ■ Schulorganisation ■ Schule und Einzugsbereich ■ Motivation/Interaktion/Kommunikation der Beteiligten ■ Unterricht und außerunterrichtliche Aktivitäten ■ Anwendung von Reformkonzepten ■ Disziplinprobleme, auffällige Schüler ■ Unterrichtsorganisation allgemein und fachspezifisch ■ Beliebtheit von Unterrichtsfächern ■ Phasen des Unterrichts ■ Leistungsmessung, Bewerten, Zensieren ■ Schullaufbahnberatung ■ verschiedene Ausprägungen der Lehrerpersönlichkeit
Vorbereitung	■ Wie fühle ich mich darauf fachwissenschaftlich/didaktisch/methodisch vorbereitet bzw. was müsste ich für diese Vorbereitung noch leisten?
Unterstützung	■ Welche Unterstützung für diese Arbeit kann ich von der Schule/dem Mentor/den Schülern erwarten? ■ Besteht die Möglichkeit, schrittweise an die Unterrichtstätigkeit herangeführt zu werden (z. B. durch Assistenz beim Mentor; Übernahme erster Teilaufgaben; Planung und Durchführung einer Unterrichtsphase o. Ä.)?

Ein zusammenfassender TIPP zum Abschluss dieser Einleitung:

Die zentrale Erfahrung von Praktika liegt in der persönlichen Begegnung mit den im Berufsfeld Schule tätigen Menschen: Schülern, Lehrern, Schulleitern, Verwaltungskräften. Selbsterfahrung und Fremderfahrung sind ausschlaggebend für die positive oder negative Wirkung.

2. Beobachten in der Schule

Im Rahmen der schulpraktischen Studien ist die Beobachtung des Schullebens allgemein und des Unterrichts im Besonderen eine wichtige Zielsetzung. Dabei ist zwischen der Beobachtung institutioneller Gegebenheiten und der Beobachtung des Verhaltens einzelner Personen und deren Interaktion mit anderen zu unterscheiden. Die Komplexität des Handlungsfeldes Schule bringt es mit sich, dass eine Vielzahl von Eindrücken und Informationen auf den Beobachter einstürmt, die nicht alle zugleich aufgenommen und verarbeitet werden können. Um diese Datenflut zu bewältigen, muss eine gezielte Auswahl getroffen werden, und es müssen Methoden und Begriffe zur Hand sein, damit der Beobachter der Anschauung nicht blind gegenübertritt (KANT: „Gedanken ohne Inhalte sind leer, Anschauungen ohne Begriffe sind blind.“).

2.1 Ziele und Inhalte der Beobachtung

Je nachdem ob es sich um das erste (Hospitations-/Orientierungs-)Praktikum oder das zweite bzw. dritte (Fach-/Unterrichts-)Praktikum handelt, sind die Ziele der Beobachtung unterschiedliche. In der ersten Wiederbegegnung mit Schule unter dem Aspekt einer möglichen Lehrertätigkeit gewinnen bekannte Sachverhalte andere Qualitäten und einen anderen Stellenwert als aus Schülerperspektive. Das gilt für die Räumlichkeit, für die zeitliche Strukturiertheit, für das ganze Schulleben, für die Personen und ihre Beziehungen. Sie be-

obachten Schule als System und versuchen, Ihre Wahrnehmungen mit Hilfe der im Studium erworbenen ersten Kenntnisse aus Pädagogik, Psychologie und Soziologie zu ordnen, zu verstehen, zu deuten.
In den Unterrichtspraktika ist das Ziel der Beobachtung, Unterrichtsprozesse sowie Kommunikation und Interaktion der am Unterricht beteiligten Personen wahrzunehmen und daraus Handlungskonsequenzen für die eigenen Unterrichtsversuche abzuleiten. Hierzu gehört auch die Erkundung von Vorkenntnissen und Qualifikationen der Schüler, die als unmittelbare Unterrichtsbedingungen für die Planung und Durchführung von Unterricht bedeutsam sind. Im eigenen Unterricht wird dann die Fremdbeobachtung ergänzt um die Selbstbeobachtung.

Schülerbilder – Lehrerbilder „Gute" Lehrer – „Schlechte" Lehrer

Sie haben in Ihrer eigenen Schulzeit über einen langen Zeitraum ein bewusstes oder unbewusstes Verständnis von Schule und Unterricht entwickelt, das bei der Wiederbegegnung mit dem Berufsfeld als Vorverständnis, als Alltagstheorie, vielleicht auch als Vorurteil wirkt und deshalb formuliert und reflektiert werden sollte. Denn Ihre Wahrnehmung, Ihr Verstehen, Ihr Urteil von aktuellen Erfahrungen vollzieht sich auf der Folie des früheren Schul-Erlebens.
In Autobiographien, in Erinnerungsbüchern, in der Literatur sind es hauptsächlich die Lehrer- und Schülerpersönlichkeiten, an die gebunden der Erfahrungsraum Schule sich entfaltet. (Entsprechende literarische Zeugnisse zum Thema „Schule - Schüler - Lehrer" finden sich bei GREGOR-DELLIN 1979.)

So liegt es nahe, sich an eigene Lehrer und Mitschüler zu erinnern und dann die Beobachtung auf aktuelle Ausprägungen von Lehrer- und Schülerpersönlichkeit zu richten; und zwar nicht nur auf die einzelnen Personen, sondern auch auf deren Beziehungsnetz sowie die Folgen für Unterricht und Schulleben. Besonders häufig erscheint in diesem Zusammenhang der Topos des „guten oder schlechten Lehrers".

Wir schlagen Ihnen folgende kleine **Übung** vor:

Versuchen Sie, sich an Lehrer aus Ihrer eigenen Schulzeit zu erinnern, die Sie als „gut" empfunden haben. Geben Sie eine Verhaltensbeschreibung und eine Charakteristik dieser Lehrer. Erzählen Sie Episoden/kleine Geschichten, aus denen Wesen und pädagogische/unterrichtliche Wirkung dieser Personen deutlich werden. Waren Sie sich mit Ihren Mitschülern einig über die Bewertung dieser Lehrer?
Beziehen Sie nun dieselben Teilaufgaben auf Ihre Erfahrungen mit „schlechten" Lehrern! Stellen Sie in einer stichwortartigen Aufstellung die Merkmale „guten" und „schlechten" Lehrerverhaltens gegenüber!

Vielleicht ist durch diese Übung bei Ihnen eine Tabelle entstanden, in der Sie erwünschte und unerwünschte Verhaltensmerkmale oder Eigenschaften von Lehrern kontrastiert haben. Sie ist ein guter Ausgangspunkt für die folgenden Überlegungen.
Auch die Schülerinnen und Schüler, die Ihnen im Schulpraktikum begegnen werden, haben ein mehr oder weniger deutlich ausgeprägtes Lehrerbild. So fand GRÖSCHEL (1980; zitiert nach MERZ, S. 141) in einer Untersuchung von etwa 500 Schüleraufsätzen die folgenden Wünsche:

- 62 % der Schüler wünschten sich **heitere** Lehrer, damit sie mehr Freude an der Schule haben könnten.
- 60 % der Schüler wünschten sich einen **gerechten** Lehrer.
- 44 % der Schüler nannten **Geduld** als wichtiges Merkmal des Lehrerverhaltens.
- 40 % der Schüler meinten, Lehrer müssten **gut erklären** und **verständlich unterrichten** können.
- 28 % der Schüler wollten, dass ihr Lehrer **gütig** sein solle.
- 27 % der Schüler meinten, man müsse wissen, wie man mit dem Lehrer „dran" ist. Sie fordern **Konsequenz** von ihm.

Auffällig bei diesen Ergebnissen ist, dass von den ersten sechs Plätzen fünf mit Persönlichkeitsmerkmalen besetzt sind und nur einer sich auf das professionelle Unterrichtshandeln des Lehrers bezieht. Noch auffälliger: Es handelt sich um „hochwertige" Eigenschaften. Gerechtigkeit, Güte, Geduld, Heiterkeit sind Merkmale, die man eher mit Weisen, Priestern oder gar Gott verbindet. Ein Wort DIESTERWEGS formuliert diese Idealisierung sehr deutlich:

„Mit Recht wünscht man dem Lehrer die Gesundheit und die Kraft eines Germanen, den Scharfsinn eines LESSING, das Gemüt eines HEBEL, die Begeisterung eines PESTALOZZI, die Wahrheit eines TILLICH, die Beredsamkeit eines SALZMANN, die Kenntnis eines LEIBNIZ, die Weisheit eines SOKRATES, die Schönheit eines APOLLS und die Liebe eines JESU CHRISTI."

Derartige Überhöhungen können leicht zu dem resignativen Schluss führen, dass aus der Persönlichkeit abzuleitende Verhaltensmerkmale nicht lernbar seien. Dies trifft nicht zu! Sie lassen sich nur nicht direkt durch Unterricht und Studium vermitteln, sondern sind an Prozesse der Lebenserfahrung, der Sozialisation, der Selbsterziehung gebunden, die oft über das Lernen am Modell/Vorbild und durch Imitation erfolgen.
Andererseits zeigen die Ergebnisse, wie wichtig den Schülern die persönliche Beziehung zum Lehrer ist, wie viel Wert sie darauf legen, dass sich hinter der Rolle der Mensch zeigt, der auch an ihnen als Menschen ein persönliches Interesse entwickeln kann. Bestätigt wird dieser Befund durch eine Untersuchung auf der Basis des Vergleichs von 3 000 Aufsätzen deutscher, französischer, schwedischer und nordamerikanischer Schüler (CZERWENKA u. a. 1990,

S. 159), in der die Autoren zu dem folgenden zusammenfassenden Urteil gelangen:
„Hier kann noch einmal festgehalten werden, dass der Lehrer in deutschen Schulen eine zentrale Bedeutung für den Schüler und seine Schulfreude erhält. Die Freude am Lernen, am Unterricht, am gemeinsamen Schulleben und anderes mehr wird zu weiten Teilen von ihm definiert."

Dass Schüler das auch 1997 so sehen, zeigt die folgende Klassentürbeschriftung der Kl. 7.1 einer Hauptschule in Berlin-Tiergarten:

> „Liebe Lehrerin & lieber Lehrer
> wenn ihr diese Klasse betretet solltet ihr so sein ...
> – nett und freundlich
> – witzig und verständnisvoll
> – nicht meckern
> – zuhören können
> – nicht alles zu genau nehmen
> – unternehmungslustig
> – freundlich aber konsequent
> – gut vorbereitet
> – gutes Vorbild (pünktlich, fleißig)"
> (SCHULBLÄTTER – Eine Zeitung des Fördervereins der Heinrich-von-Stephan-Oberschule, Jg. 3, Ausgabe 2, April 97, S. 15).

Neben Überhöhungen, Idealisierungen und diesen Schülerwunschvorstellungen existieren auch Kriterien zur Beurteilung der tatsächlichen Handlungen und Leistungen von Lehrern. Ein „guter Lehrer" soll auch ein „effektiver Lehrer" sein. „HAENISCH (1983, S. 17 f.) fasst Verhaltensweisen von Lehrern im Unterricht, die sich als ‚effektiv' gezeigt haben, unter sieben Punkten zusammen:

- auf die Ideen der Schüler einzugehen und sie beispielsweise durch Wiederholen, Aufgreifen oder Umformulierungen für den Unterricht fruchtbar zu machen;
- eher stimulierend, lebhaft, begeisternd, engagiert und interessiert zu sein;
- bei der Präsentation von Stoffen stets Klarheit als oberstes Prinzip gelten zu lassen und dabei auf klare Erklärungen, leichte Verständlichkeit der Äußerungen sowie auf das richtige Anforderungsniveau zu achten;
- eine Vielfalt von Materialien bereitzustellen und sie entsprechend den Möglichkeiten der Schüler zu variieren;
- stets aufgabenorientiert zu sein und die Schüler dazu zu ermutigen, bei der Sache zu bleiben und sich möglichst wenig ablenken zu lassen;
- durch strukturierende Hinweise (etwa zu Beginn oder am Ende einer Stunde) mehr Transparenz in den Ablauf des Unterrichts zu bringen, beispielsweise durch Hinweise auf wichtige Inhalte oder indem Einblick in die Planung des Lehrers gewährt wird;

- möglichst viel Anregungen an den Einzelschüler (z. B. durch Wiederholung oder Umformulieren einer Frage bei Falschbeantwortung) und an die Gruppe zu geben (z. B. durch Adressatenwechsel und Weitergabe derselben Fragestellung an verschiedene Schüler)."

(HAENISCH zit. nach TERHART 1997, S. 51)

Ich hatte schlechte Lehrer,
das war eine gute Schule.
(ARNFRIED ASTEL)

Positiven und effektiven Verhaltensweisen von Lehrern stehen auch negative und unerwünschte gegenüber. Dabei können positive Haltungen und Handlungen nicht einfach durch Änderung der Vorzeichen zu negativen erklärt werden. Viele Schülerurteile über Lehrer haben die Form: ja – aber, also: streng, aber gerecht oder: hoher Leistungsanspruch, aber verständlich in der Vermittlung. Als allgemein verbreitete Merkmale des schlechten Lehrers beschreibt TERHART (1997) die folgenden:
„fehlendes/problematisches/veraltetes Fachwissen, nicht vorhandene didaktisch-methodische Fähigkeit, unzusammenhängendes und unverständliches Unterrichten, vollständiges Ignorieren der Lehrplanvorgaben, vor allem: geänderte Lehrpläne, unberechenbares, unverständliches und unzuverlässiges Zensieren, völlige Unfähigkeit, auf Kinder und Jugendliche einzugehen, bizarre Unterrichtsmethoden, strafbare Disziplinierungstechniken, fehlende Bereitschaft zur Kooperation bzw. offen zur Schau gestellte Verachtung von kollegialem Miteinander, eisige Herablassung oder vollkommene Distanzlosigkeit im Verhältnis zu Schülern, Eltern, Kollegen, Intrigantentum, erfolgreiche Minimalisierung des Arbeitseinsatzes, Verbreitung von allgemeinem Zynismus und so weiter." (TERHART 1997, S. 35 f.)
Als Ursache für Lernschwierigkeiten der Schüler sieht ZIELINSKI (1996) die folgenden Verhaltensdefizite von Lehrern: „Ineffektives Klassenmanagement, Unterrichtsstörungen, ... fehlende Überwachung von Stillarbeit und Hausaufgaben, das Unterlassen von Fehlerkorrekturen, Fehlerdiagnosen und Hilfen zu ihrer Beseitigung ..." (ZIELINSKI 1996, S. 379)
Sie sehen, die positiven und die negativen Listen sind lang. Gewiss finden sich in Ihrer Gegenüberstellung viele dieser Persönlichkeits- und Qualifikationsmerkmale wieder. Dabei sollten Sie aber Folgendes bedenken:

1. Kein Mensch verfügt nur über gute oder schlechte Verhaltensweisen; also auch Lehrer und Schüler nicht.
2. Zweckmäßige und effektive Verhaltensweisen können einzeln gelernt und trainiert, unzweckmäßige nach und nach abgebaut werden.
3. Auch der pädagogische Profi praktiziert nicht jederzeit und in jeder Situation nur effiziente Haltungen und Handlungen.

TIPP: Die persönliche Situation beschreiben (lassen)!

Dieser Sachverhalt bietet Ihnen ebenfalls einen guten Einstieg auf der Beziehungsebene. Indem Sie den persönlichen Kontakt zu Ihrer Bezugsklasse und ihrem Lehrer suchen, von sich und Ihrer Situation erzählen und im Gegenzug auch die Schüler und den Lehrer befragen, haben Sie bereits für sich eine Lernsituation im oben beschriebenen Sinne geschaffen.

Für die Praktikumssituation ist es gut, über diese Problematik orientiert zu sein, sich aber trotzdem Unbefangenheit und Neugier auf Ihre zukünftigen Schüler und Lehrer zu bewahren. Deshalb: Öffnen Sie freundlich, unternehmungslustig und gut vorbereitet die Klassentür zur 7.1 und stellen Sie sich vor!

Dieser persönliche Einstieg ist eine Hilfe, um sich in der Vielgestaltigkeit, den rasch wechselnden Eindrücken, in der Hektik und Nervosität des Schullebens zu orientieren. Die Komplexität des Berufsfeldes, die Fülle der schulischen Alltagsrealität erschweren es auch, für sich gut abgegrenzte Beobachtungsausschnitte herzustellen. Die Frage, **was** aus der Vielfalt schulischen Lebens genauer beobachtet werden soll, lässt sich leichter klären, wenn man allgemeinere/abstraktere Begriffe als Ordnungsgesichtspunkte heranzieht.

Schule und Unterricht

Schule ist eine öffentliche **Institution**, in der **Personen** als Träger einer sozialen Rolle (Schüler, Lehrer, weiteres Schulpersonal, Eltern) miteinander interagieren und kommunizieren. Zentrale Organisationsform ist der Unterricht, in dessen Rahmen sich die intendierten **Lehr-** und **Lernprozesse** vollziehen. Die jeweilige Unterrichtssituation wird bestimmt durch die drei Eckpunkte **Lehrer - Schüler - Thema/Stoff/Gegenstand**. Das in der pädagogischen Literatur oft erwähnte „didaktische Dreieck" ist eine Veranschaulichung dieses Grundverhältnisses von Unterricht. Je nachdem, von welchem Eckpunkt Unterricht betrachtet wird, nimmt das Beziehungsdreieck eine andere Form an (vgl. DIEDERICH 1988, S. 256). Lothar KLINGBERG (1995, S. 64) entwickelt aus der dreistelligen Relation des didaktischen Dreiecks durch Einbezug der Methode eine vierstellige Relation.
Lehrer - Schüler - Gegenstand können als jeweils zentraler Beobachtungsaspekt gelten, von dem aus dann wechselnde Teilbereiche genauer untersucht werden.
Auch in den verschiedenen didaktischen Modellen oder Unterrichtskonzepten werden diese Begriffe in einen systematischen Zusammenhang gebracht und dienen so der theoretischen Durchdringung der Beobachtung, Analyse und Planung von Unterricht. Für die Zwecke der Schulpraktika erscheint uns das

lehr-/lerntheoretische Modell von Paul HEIMANN (1962) immer noch recht geeignet, weil hier die oben genannten Begriffe neben weiteren (Zielsetzung, Methodik, Medienwahl) als „Strukturmomente“ des Unterrichts in ihrer wechselseitigen Abhängigkeit gesehen werden. Paul HEIMANN hat sein Modell als „eine theoretische Basis für drei immer wiederkehrende konkrete Ausbildungsanlässe entwickelt:

1. für die unterrichtliche Analyse in den häufigen Hospitations-Situationen,
2. für die Planung von Unterrichtsvorhaben, die von Studenten durchzuführen sind,
3. für unterrichtliche Experimente, die zur Verifikation oder Falsifikation umstrittener didaktischer Hypothesen gelegentlich unternommen werden.“ (HEIMANN 1962, S. 142 f.) Dabei charakterisiert er Unterricht auf „eine schlichte phänomenologische Art“:

„Im Unterricht geht stets Folgendes vor:
a) Da ist jemand, der hat eine ganz bestimmte Absicht.
b) In dieser Absicht bringt er irgendeinen Gegenstand in den
c) Horizont einer bestimmten Menschengruppe.
d) Er tut das in einer ganz bestimmten Weise,
e) unter Verwendung ganz bestimmter Hilfsmittel, wir nennen sie Medien,
f) und er tut es auch in einer ganz bestimmten Situation.“
(HEIMANN 1961, S. 105)

Wolfgang SCHULZ, der Schüler HEIMANNS, hat dessen Modell differenziert und erweitert und stellt seinen Strukturzusammenhang von Unterricht 1970 mit dem Schema auf der nächsten Seite vor (SCHULZ 1971, S. 35).

Im Gegensatz zu unserem oben erwähnten Beziehungsdreieck, das die *Partner* des Unterrichtsgeschehens in ihrer Interaktion und Kommunikation akzentuiert, wird hier die *Beziehung* der Strukturmomente modelliert, in denen der Lehrer seine Entscheidungen trifft, in Abhängigkeit von anthropogenen und sozial-kulturellen Voraussetzungen und mit entsprechenden Folgen seines Unterrichts. SCHULZ hat sein Modell in den folgenden Jahren mehrfach modifiziert, darauf werden wir aber später im Zusammenhang mit der Vorbereitung von Unterricht und im Vergleich mit anderen didaktischen Modellen noch genauer eingehen.

Beoachtungsgesichtspunkte

Zur Ordnung und Systematisierung Ihrer ersten Beobachtungen im Rahmen des Schulpraktikums sind die bisher erläuterten Aspekte durchaus zureichend. Deshalb verzichten wir auch darauf, Ihnen die Vielzahl von differenzierten Fragebögen, Rastern, Merklisten vorzustellen, die sich alle weitgehend an der oben erläuterten allgemeinen begrifflichen Gliederung orientieren.

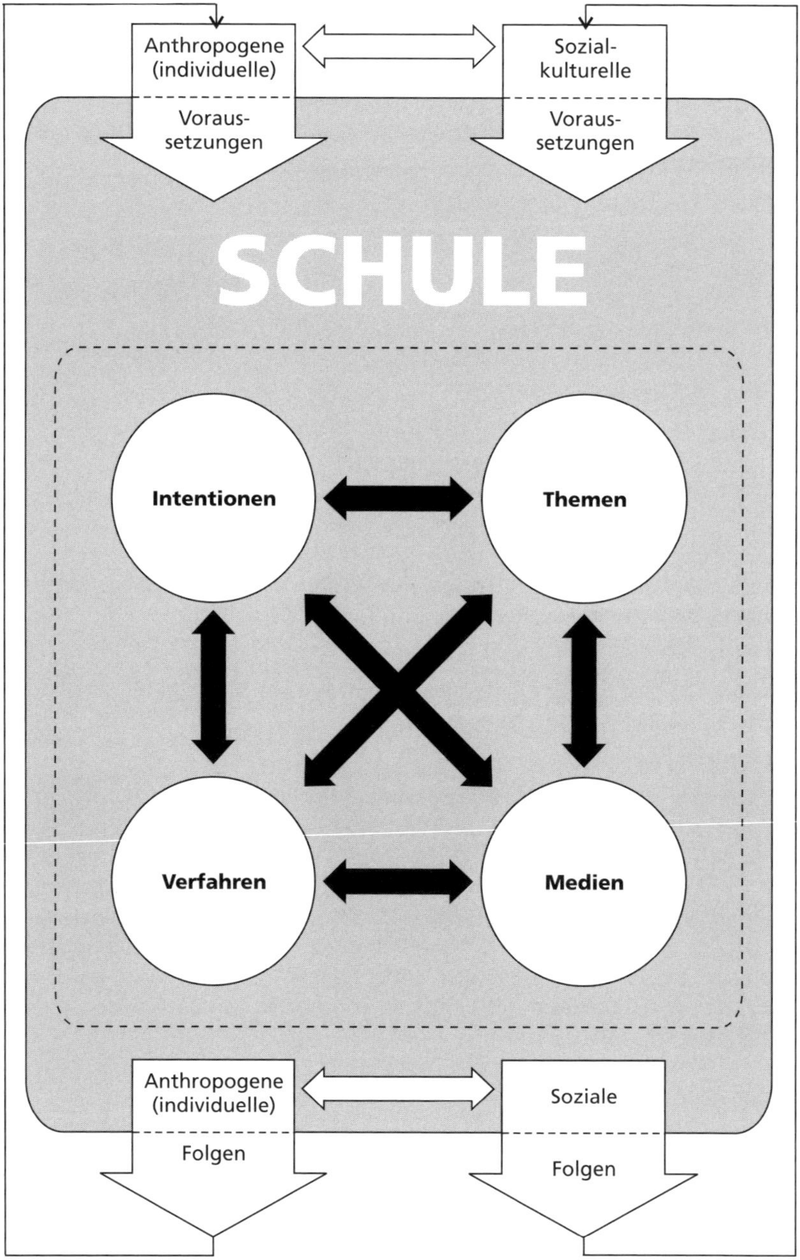

Strukturmodell nach SCHULZ (1971, S. 35)

Eine besonders umfangreiche Aufstellung hat SCHWARK (1977) am Ende seines Buches „Praxisnahe Unterrichtsanalyse“ zusammengestellt. Sie könnte einschüchternd wirken, wenn sie als Minimalkatalog missdeutet würde. Deshalb verzichten wir auf einen zitierenden Abdruck an dieser Stelle. Sie ist aber gut als eine Stoffsammlung geeignet, die veranschaulicht, **was** im Schulpraktikum alles beobachtet werden kann. Die jeweils individuelle Auswahl hängt von der Art und Zielsetzung des Praktikums (Hospitations- oder Unterrichtspraktikum), von den Beobachtungs- und Erkenntnisinteressen des jeweiligen Praktikanten, von den speziellen Bedingungen der Praktikumsschule sowie der Vorbereitung der Praktika durch die betreuenden Hochschullehrer ab.

In der folgenden Übersicht haben wir die wichtigsten Beobachtungsbereiche zusammengestellt, zu denen SCHWARK (vgl. S. 116–120) dann aufschlussreiche Fragestellungen entwickelt. (Vgl. auch Tabelle S. 51.)

Schulart, Einzugsbereich, Region
Innerschulische Organisation
Ausstattung und Zustand von Schulgebäude, Fach- und Klassenräumen
Die Schüler Ihrer Praktikumsklasse
Lehrer (Mentor) und Praktikant
Der Unterricht

2.2 Formen der Beobachtung

1. Sie sitzen in der Mensa und stochern ziemlich lustlos in der Gemüsebeilage. Vielleicht hätten Sie doch etwas anderes wählen sollen. Was haben denn die umsitzenden Kommilitoninnen auf dem Teller? Auch diesen Gemüsemischmasch. Aber die scheinen ganz zufrieden damit zu sein. Da kommt jemand, der hat Sauerkraut als Beilage. Das habe ich überhaupt nicht an der Theke gesehen. Am Nachbartisch essen sie Möhren. Na ja, aus denen mache ich mir gar nichts. Da kommt ja Petra, ebenfalls mit gemischtem Gemüse. Na die werde ich fragen, ob ihre Portion auch so fad schmeckt.

2. Sie gehen zum Arzt, weil Sie mit dem Fahrrad gestürzt sind und Beschwerden im rechten Knie- und Fußgelenk haben. Der Doktor fordert sie auf, ein paar Schritte zu gehen. Dabei beobachtet er Ihre Körperhaltung und Ihren Gang. Dann fordert er Sie auf, sich zu setzen, das rechte Bein anzuheben und dann das Knie zu beugen und anschließend den Fuß einwärts zu drehen. Wieder beobachtet der Arzt Ihre Bewegungen. Als Sie einen leisen Schmerzschrei ausstossen, sagt er: ...

3. Sie sitzen während des Hospitationspraktikums in einer Schulklasse. Vor sich haben Sie einen von Ihrer Hochschulbetreuerin an alle Praktikanten

ausgegebenen Erhebungsbogen. Alle 30 Sekunden müssen Sie eintragen, ob der Lehrer, ein Schüler oder niemand spricht. Am Nachmittag sollen im Begleitseminar die erhobenen Daten verglichen, diskutiert, ausgewertet werden.
Diese drei Beispiele illustrieren mögliche Formen der Beobachtung: 1. Alltagsbeobachtung – 2. Begutachtende/Prüfende (Professionelle) Beobachtung – 3. Wissenschaftliche Beobachtung.

Alltagsbeobachtung	Sie ist situativ, zufällig, unmittelbar, spontan, vom persönlichen Interesse geprägt, unsystematisch schwankend und wird nicht dokumentiert.
begutachtende Beobachtung	Sie ist zielbestimmt ausschnitthaft, auf den Vergleich mit der norm- bzw. funktionsgerechten Erscheinung eines Gegenstandes oder Ausführung eines Verhaltens gerichtet. In Schule und Unterricht ist sie konstitutiver Bestandteil der Lehrerkompetenz. Beim Erstschreibunterricht beobachtet die Lehrerin, ob ihre Schüler die schreibmotorisch richtigen Bewegungsabläufe praktizieren. Im Sportunterricht beobachtet der Lehrer, ob am Gerät (z. B. Reck) die Sicherung durch die Mitschüler vorschriftsmäßig erfolgt. Im Kunstunterricht beobachtet die Lehrerin, ob die Schüler die Kratztechnik wirkungsvoll ausführen.
wissenschaftliche Beobachtung	Sie ist hypothesengeleitet, systematisch, strukturiert, besser noch standardisiert, sie wird sofort und vollständig dokumentiert, und zwar möglichst durch geschulte Beobachter. Die Auswertung erfolgt im Rahmen eines größeren wissenschaftlichen Zusammenhangs.

Für die Arbeitszusammenhänge im Praktikum und im Schulleben sind vorwiegend die Alltagsbeobachtung und die begutachtende Beobachtung von Bedeutung. Die wissenschaftliche Beobachtung ist eher bei Schulforschungsprojekten bzw. im Zusammenhang mit der wissenschaftlichen Begleitung von Schulversuchen erforderlich.

Weiter wird in der Literatur unterschieden zwischen:

teilnehmender (aktiver) und nichtteilnehmender (passiver) Beobachtung	Bei der teilnehmenden Beobachtung ist der Beobachter im beobachteten sozialen Feld handelnd eingebunden, oft als Träger einer sozialen Rolle (zum Beispiel beim Unterrichtsversuch des Praktikanten die Lehrerrolle). Bei der nichtteilnehmenden Beobachtung dient die Anwesenheit ausschließlich der Beobachtung. Auch die Untersuchung von Film-, Video- oder Tonbandaufzeichnungen gilt als nichtteilnehmende Beobachtung.

offener und verdeckter Beobachtung	Bei der offenen Beobachtung wissen die beobachteten Personen von Absicht und Funktion des Beobachters, bei der verdeckten Beobachtung nicht. Für Ihre Beobachtung in Unterrichtsversuchen kann es von Interesse sein, dass die Schüler sich unbeobachtet glauben und so ihr „natürliches" Verhalten zeigen.
strukturierter und unstrukturierter Beobachtung	Die strukturierte Beobachtung folgt einem vorher festgelegten und wissenschaftlich erprobten Kategoriensystem und wird damit zur standardisierten Beobachtung. Deren Qualitätsmerkmale sind „Zuverlässigkeit", „Nachvollziehbarkeit", und „Gültigkeit". Ihre präzis dokumentierten Ergebnisse können kontrolliert und überprüft werden. Die unstrukturierte, wenngleich durchaus planmäßige Beobachtung, deren Dokumentation in freier Form erfolgt, dient im wissenschaftlichen Bereich der ersten Abklärung eines Forschungsgebietes sowie der Bildung vorläufiger Hypothesen.

Die Zielsetzung der *unstrukturierten* Beobachtung dürfte auch für das Schulpraktikum gelten. Als Praktikantin sollten Sie sich im „Feld" orientieren, aufmerksam und sensibel für verschiedene Aspekte, Erscheinungen, Zustände, Abläufe, Sachverhalte, Gegenstände, Personen werden und danach eine Auswahl von wenigen Beobachtungspunkten treffen. Diese werden dann kontinuierlich und systematisch untersucht und dokumentiert. Zu diesen **Fremdbeobachtungen** tritt später (z. B. bei eigenen Unterrichtsversuchen) die **Selbstbeobachtung**.

Als konkreteres Ziel sollten Sie Erfahrungen im Bereich der *begutachtenden* Beobachtung anstreben. Wie führen die Schüler Anweisungen aus? Wo ergeben sich Schwierigkeiten? Wie flüssig sind die einzelnen motorischen Abläufe? Welches Schülerverhalten lässt auf Wahrnehmungsschwierigkeiten, Seh-, Hörstörungen schließen? Dieses begutachtende Beobachten wird professionalisiert im sogenannten „pädagogischen Sehen".

Das Bemühen, Beobachtung zu standardisieren, die Beobachter zu schulen und damit die Wissenschaftlichkeit der Methode zu sichern, erklärt sich aus den in der Psychologie untersuchten möglichen Beobachtungsfehlern. Wenn Menschen andere Menschen und ihr Handeln beobachten, ist ihre Wahrnehmung geprägt durch langfristig erworbene Wahrnehmungsweisen, Motive und Intentionen und damit nicht total, sondern selektiv.

„Ein Beobachter scheint hauptsächlich diejenigen Ereignisse bevorzugt aufzunehmen, die er am ehesten in sein persönliches Präferenzsystem einordnen kann; dafür lässt er sich am leichtesten sensibilisieren; bei gegenteiligen Ereignissen findet in der Regel demgegenüber eine Wahrnehmungsabwehr statt. ‚Die Wahrnehmung ist praktisch immer das Ergebnis eines Kompromisses zwischen dem, was der Wahrnehmende erwartet, und dem, was objektiv vorliegt' (ROSEMANN 1975, S. 180)." (SCHWARK 1977, S. 23)

Psychologische **Beobachtungsfehler** im Einzelnen sind:

Erst-Eindruck	Der erste Eindruck, den man von einer Person, einer Sache, einer Situation hat, führt zu einem spontanen Urteil. Dies beeinflusst dann die folgenden Beobachtungen und deren Bewertung (Primacy-Effekt).
Voreinstellungen – Vorurteile	Spontane Zuneigung oder Ablehnung, Vorinformationen über Personen oder Sachverhalte und daraus gebildete Meinungen beeinflussen die Beobachtung. Dies kann so weit gehen, dass der Beobachter schon ein ganz bestimmtes Verhalten erwartet (ROSENTHAL-Effekt).
Global-Eindruck	Eine Eigenschaft, ein Merkmal, ein Element wird als so markant wahrgenommen, dass es die anderen Beobachtungen beeinflusst (Halo-Effekt).
Fehlattributionen	Beobachter neigen dazu, eigene Persönlichkeitsmerkmale bzw. deren Gegenteil den beobachteten Personen zuzuschreiben (Ähnlichkeits-/Kontrast-Effekt) bzw. aus in der Situation beobachteten Verhaltensweisen auf Charaktereigenschaften zu schließen (Inferenz-Effekt).
Logischer Fehler	Ein beobachtetes Merkmal wird auf Grund von Alltagstheorien mit weiteren Eigenschaften verknüpft (Logical-error-Effekt).

Während die vorstehenden Beobachtungsfehler sich im Beobachter „ereignen“, ergeben sich andere Fehlereffekte aus der Situation, den beobachteten Personen oder dem Untersuchungskonzept. So verhalten sich Lehrer und Schulklassen in Beobachtungssituationen oft anders als unbeobachtet. Andere Räumlichkeiten, der Einsatz von Mikrofon und Kamera beeinflussen ebenfalls. Dieser Vielfalt von Fehlermöglichkeiten begegnen Sie am besten, wenn Sie Ihre Beobachtungen mit anderen Beobachtern und möglichst auch mit den beobachteten Schülern und Lehrerinnen austauschen und erörtern. So können Sie Fehlerbewusstsein entwickeln und die immer wirkende Subjektivität jeder Wahrnehmung in Rechnung stellen.

Wie können Sie nun im Einzelnen vorgehen?

TIPP 1: Ereignisse zählen!

Wenn Sie das Drankommen der Schüler, den Wechsel der Kommunikationsrollen, die Zeitökonomie oder den Redeanteil des Lehrers beobachten wollen, handelt es sich um zählbare Ereignisse, die während der Beobachtung in Strichlisten oder Kategorienraster eingetragen werden können.

TIPP 2: Situationen interpretieren!

Ist Ihre Beobachtung aber auf Unterrichtsstörungen, Kommunikations- und Verständnisprobleme, Lernschwierigkeiten oder Verweigerungshaltungen gerichtet, können Verbalsysteme in Form von Protokollen, reflektierenden Erfahrungsberichten, Episoden- und Falldarstellungen geeigneter sein, um pädagogisches Sehen, Denken und Handeln im Unterricht anzubahnen.
Sehr anschaulich wird diese interpretierende Betrachtungsweise von Unterrichtsprozessen von BECK/SCHOLZ (1995) demonstriert.

TIPP 3: Pädagogisch handeln!

Berücksichtigen Sie, dass Sie nicht als Wissenschaftler, sondern als pädagogisch Handelnder im Praxisfeld Schule wirken. Ihre Beobachtungen und Datensammlungen haben die Funktion, Fremd- und Selbstbeobachtung zu verbinden, um so Ihre praktischen auf den Unterricht bezogenen Maßnahmen zu planen.

2.3 Dokumentation und Auswertung

Eng verknüpft mit der Methodik der Beobachtung ist die Form, in der die erhobenen Daten niedergelegt werden. Man unterscheidet:

- Strichlisten (für Häufigkeiten),
- Protokollformen (für Verläufe in der Zeit),
- Soziogramme (für personale Beziehungen),
- Interviews (für Selbstauskünfte, Einstellungen, Bewertungen).

Strichlisten

Sie sind eine sehr einfache Form, präzis definierte Einzelheiten aus dem Strom der Unterrichtsereignisse herauszuheben und die Häufigkeit ihres Vorkommens innerhalb eines bestimmten Zeitraums festzuhalten. Auch Schüler benutzen diese Form zuweilen, wenn sie beispielsweise für bestimmte stereotype Redewendungen des Lehrers Striche machen: „Heute hat er 31-mal ‚Genau!‘ gesagt.“ „Den Klaus nimmt sie jedesmal ran, wenn er sich meldet. Ich habe mich heute 8-mal gemeldet und bin nur 2-mal rangekommen.“
Die Äußerungen zeigen, dass Schüler sehr wohl ein feines Empfinden für stereotypes, wenig individuell abgetöntes Bestätigungs-/Verstärkungsverhal-

ten von Lehrern entwickeln und erwünschtes bzw. unerwünschtes Drankommen im Unterricht für sie ein zentrales Ereignis im Unterrichtsverlauf ist. Die Beobachtung und Aufzeichnung des Kontaktgeschehens durch Praktikanten und die anschließende Auswertung mit dem Unterrichtenden fördern deren Wahrnehmungssensibilität und können diesen auf unbewusste Einseitigkeiten im Drannehmen aufmerksam machen. Mit Hilfe des folgenden Rasters könnten die thematisierten Interaktionsereignisse dokumentiert werden.

Schüler: N.N.			Lehrer: N.N.			
Zeitleiste	keine Meldung	Aufruf des Lehrers	Meldung	Aufruf des Lehrers	kein Aufruf des Lehrers	Summe
1.– 5. Min.						
6.–10. Min.						
11.–15. Min.						
usw.						
Summe						

TIPPS für Strichlisten

- Beobachten Sie anfangs nur einen Schüler in seinem Meldeverhalten.
- Später können Sie Ihre Aufmerksamkeit mehreren zuwenden.
- Sind Sie zwei oder mehr Praktikanten, können Sie die Strichlisten aus verschiedenen Positionen im Klassenraum führen und dann vergleichen.
- Diskutieren Sie anschließend gemeinsam mit dem Lehrer das dokumentierte Interaktionsverhalten.
- Befragen Sie auch beobachtete Schüler zu ihrem Meldeverhalten und zu ihren Reaktionen auf unerwartete Lehreraufrufe.

Die Zeitleiste macht es möglich, Häufungen in bestimmten Unterrichtsabschnitten festzustellen. Wenn Sie derartige Beobachtungen über einen längeren Zeitraum hin festhalten, könnten stabilere Verhaltenstendenzen deutlich werden, die dann ebenfalls mit Lehrer und Schüler erörtert werden können.
In der Literatur werden auch Strichlisten vorgeschlagen, die neben der Häufigkeit zusätzlich die *Qualität* der Schülerbeiträge charakterisieren sollen. Kategorien wie „richtige/falsche Antwort“, „den Unterricht fördernder Beitrag, nicht unterrichtsbezogener Beitrag“ (WIATER 1994) oder „Ein-Wort-Ant-

wort", „ganzer Satz", „längerer Beitrag" (WERRES 1985) werden dafür angeboten. Wir raten nicht zu solchen Strichlisten, weil sie – zumindest am Anfang – Ihre Aufmerksamkeit überfordern werden. Denn die Kategorien sind nicht eindeutig, nicht zureichend trennscharf und nicht umfassend, und zudem kann es zwischen Beobachtern und Beobachteten zu unterschiedlichen Bewertungen kommen, ob eine Antwort falsch, ein Beitrag für den Unterricht förderlich ist oder nicht. Derartige Bewertungen lassen sich eher aus vollständigen Unterrichtsdokumentationen (Tonband-/Video-Aufzeichnungen) *gemeinsam* entwickeln.

Wortprotokoll

In dieser Protokollart werden möglichst sämtliche sprachlichen Äußerungen der im Unterricht zu Wort gekommenen Schüler sowie des Lehrers wörtlich erfasst. Grundlage derartiger Transkriptionen sind meist Tonband-, Film- oder Video-Aufzeichnungen ganzer Unterrichtsstunden. Zuweilen werden diese Wortprotokolle durch eine Zeitleiste ergänzt, deren Intervalle unterschiedlich sein können (alle 5 Minuten, jede Minute, noch kürzer). Zur besseren Orientierung und Verständigung werden die einzelnen Redebeiträge durchnummeriert. Das könnte dann beispielsweise so aussehen (entnommen und abgeändert aus: Unterricht in Dokumenten 1976, S. 26):

Zeit	Nr.	Sprecher	Äußerung
10.14	92	Lehrerin	Könnte man sich vielleicht überlegen – Peitsche – wofür ist die Peitsche ein Zeichen hier? Ganz eindeutig?
	93	S(w) 8	Für die Strafe.
	94	Lehrerin	Für die Strafe, was meinst du?
	95	S(m) 14	Für die Gewalt.
	96	Lehrerin	Für die Gewalt, ja. Fällt euch noch ein Wort ein?
	97	S(m) 3	Brutalität.
	98	Lehrerin	Brutalität, ja, ganz eindeutig. Was meinst du?
	99	S(w) 9	In beiden Fällen quält der Friederich die Tiere.
	100	Lehrerin	In beiden Fällen quält der Friederich die Tiere, ja, ganz richtig.
	101	S(m) 3	Und es sind beide Fälle brutal.
10.15	102	Lehrerin	Ja, ja, ganz richtig.

S(m) = Schüler S(w) = Schülerin

Narratives Protokoll

In dieser dem Bericht nahestehenden Form werden die Unterrichtsstunde oder Abschnitte, Ereignisse, Episoden daraus umgangssprachlich aufgezeichnet. Diese Niederschrift kann auch wörtliche Zitate und Zeitangaben enthalten.

Beispiel:
Nach der Begrüßung und Anwesenheitskontrolle fordert der Lehrer die Schüler auf, Mathematikbücher, Mathematikhefte und Schreibzeug bereitzulegen (8.04 Uhr). Einige Schüler melden sich und sagen, dass sie die Rechenbücher nicht dabei hätten. L. fordert dazu auf, beim Nachbarn hineinzusehen. Es soll im Kapitel „Prozentrechnung" Seite 21 aufgeschlagen werden. Die Textaufgabe „D" wird von der Schülerin Sabine nach Lehreraufruf vorgelesen. Lehrer: „Wer versucht mal, mit eigenen Worten die Problemstellung der Aufgabe zu formulieren?" (8.07 Uhr)

Sie sollten ein derartiges Protokoll möglichst in unmittelbarem Anschluss an die beobachtete Stunde anfertigen und sich vergewissern, dass auch ein nicht anwesender Leser den Stundenverlauf verstehend nachvollziehen kann. Präzisierungen und Ergänzungen ergeben sich vielleicht auch im Gespräch mit anderen Beobachtern. Mehrere Protokolle mit thematisch ähnlichen Ereignissen bzw. Episoden oder auf bestimmte Personen bezogenen können dann Grundlage für eine „Falldarstellung" sein.

Teilformalisiertes Protokoll

Hier wird der komplexe, vielschichtige Strom des Unterrichtsgeschehens durch ein vorher festgelegtes Strukturschema gegliedert. Dabei gilt es sich bewusst zu machen, dass durch die Gliederungsaspekte nicht erst die Dokumentation, sondern bereits die Wahrnehmung geprägt wird. Zu Anfang sollten Sie sich auch nicht zu viele Gesichtspunkte vornehmen. Es reicht, die Klassensitzordnung (Bild S. 35) aufzuzeichnen mit Geschlechtsmarkierung, eine Zeitleiste, Gliederung des Unterrichts in Phasen/Artikulationsstufen, Spalten für die stichwortartige Beschreibung des Lehrer-/Schüler-Verhaltens sowie der Lerninhalte und Medien (Tafel-Anschrift/Bild).

Strukturschema

Zeit/Phase	Lehrerhandeln/ Schülertätigkeit	Lerninhalte	Medien

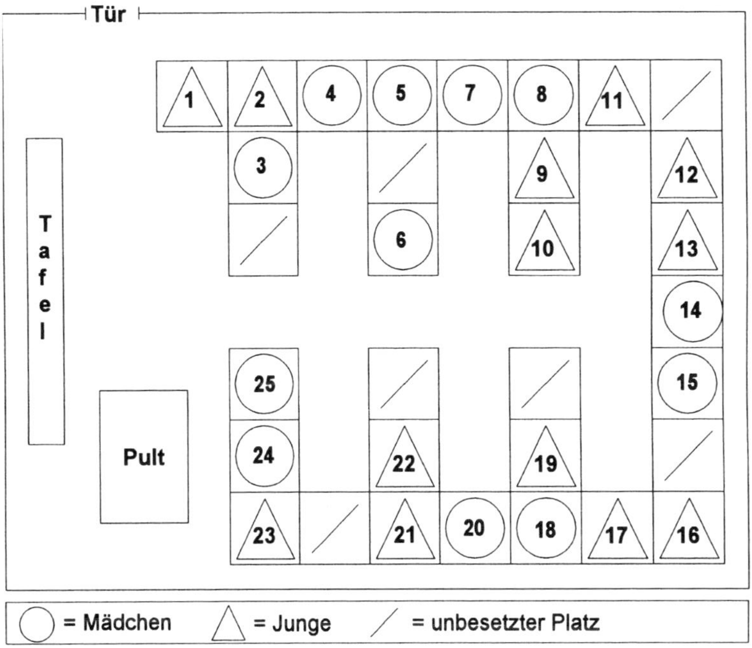

Klassensitzordnung

Entwicklung und Einsatz der vorstehenden Strukturierungshilfen für Beobachtung und Dokumentation von Unterricht sind ein wichtiges Ziel im Schulpraktikum. Ihre Wahrnehmung des Ereignisstroms wird dadurch sensibler, differenzierter, problembewusster. Auf der Basis derartiger Aufzeichnungen lassen sich anschließende Gespräche über Unterricht und seine Auswertung viel fundierter führen.

Das Soziogramm

Das Soziogramm ist ein Verfahren, um *qualitative* Beziehungen (Sympathie, Antipathie, Cliquen, Stars, Außenseiter, Gruppenzusammenhang usw.) zwischen den Mitgliedern einer Gruppe grafisch darzustellen. Der Begriff stammt aus der Soziometrie – einem Teilgebiet der Soziologie – und wurde 1934 von L. J. MORENO eingeführt. Die Methode hat sich seither bei empirischen Untersuchungen von Gruppenstrukturen und deren Veränderung sehr bewährt und auch in der Unterrichtsforschung ihren Platz gefunden. Der Erfolg von Unterricht als Kommunikation und Interaktion in der Schulklasse hängt in großem Maße von dem Beziehungsgeflecht der Schüler untereinander ab. Wie integriert oder desintegriert, wie stabil oder wie störanfällig ist die Gruppe? Deshalb sollte jede Beobachtung, Planung, Durchführung und Auswertung

von Unterricht die durch die Gruppensituation gegebenen Bedingungen feststellen und ins Kalkül ziehen.
Soziogramme werden mit Hilfe von (zumeist) schriftlichen Befragungen erstellt. Die Mitglieder einer Gruppe werden aufgefordert, ihre Zu- bzw. Abneigung gegenüber allen anderen Mitgliedern in Form einer Rangfolge anzugeben (z. B. „Mit welchen Personen würden Sie – wenn Sie die Wahl hätten – am liebsten arbeiten, trainieren, in Urlaub fahren, spielen usw.?“). Das Schulleben bietet viele realistische Fragestellungen für derartige Fragebögen an, wie die folgende Auswahl zeigt:

- Neben welchem/r Mitschüler/in möchtest du am liebsten sitzen?
- Zwischen welchen Mitschülern möchtest du am liebsten sitzen?
- Im Schullandheim wird es 2-Bett-, 4-Bett- und 6-Bett-Zimmer geben. Welche Zimmergenossen wünschst du dir jeweils?
- Wen wählst du für das 6-Bett-Zimmer als Gruppensprecher?
- Für eine Spielemannschaft musst du dir Mitspieler aussuchen. Kreuze die von dir gewählten Spielpartner an!
- Welche Mitschüler würdest du zu deinem Geburtstag einladen?

Die Ergebnisse solcher Wahlen werden zunächst in einer sogenannten **Soziomatrix** (A) dargestellt und dann in ein Soziogramm (D) übertragen.

A	**Gewählte**							
Wähler	1	2	3	4	5	6	7	8
1. Walter		–		–		+		
2. Beate					+			+
3. Kai		+					+	+
4. Sophie	–				+	+	+	
5. Manuel				+		+	+	
6. Katja	–			+	+		+	
7. Felix		–						–
8. Anna		+	+					
Σ Spalte (+)	0	2	1	2	3	3	4	2
Σ Spalte (–)	2	2	0	1	0	0	0	1

Hierbei bedient man sich bestimmter grafischer Symbole: der Kreis steht für Personen weiblichen, das Dreieck für Personen männlichen Geschlechts. In das Kreis- bzw. Dreieckssymbol werden der Name des Gruppenmitglieds und die Anzahl der positiven bzw. negativen Wahlen eingetragen (B). Hierbei unterscheidet man verschiedene Pfeil-Symbole (C).

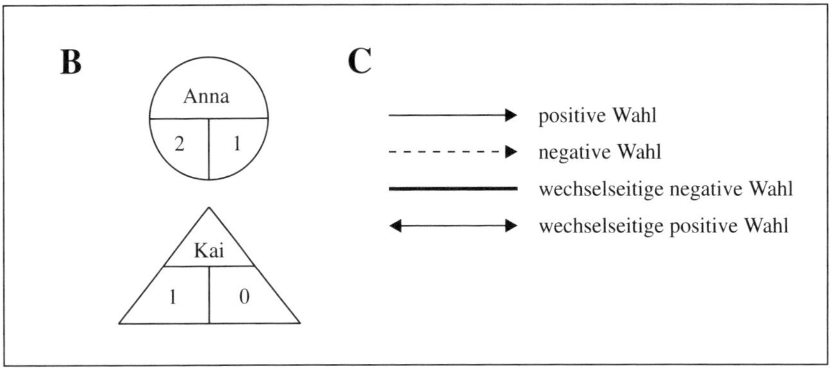

Ein Beispiel:
Den Teilnehmern einer Arbeitsgemeinschaft „Darstellendes Spiel“ wird nach der zweiten Gruppensitzung vom leitenden Lehrer die Frage vorgelegt: „Wer in dieser Arbeitsgemeinschaft ist dir am sympathischsten, wer ist dir am unsympathischsten? Gib eine Rangfolge an!“

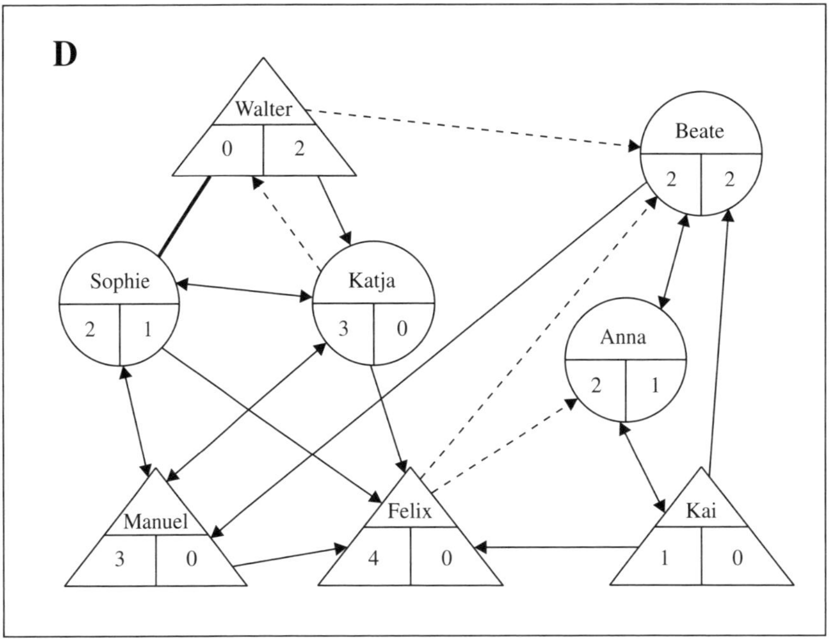

Man kann fünf verschiedene soziometrische Grundformen unterscheiden:

Stern

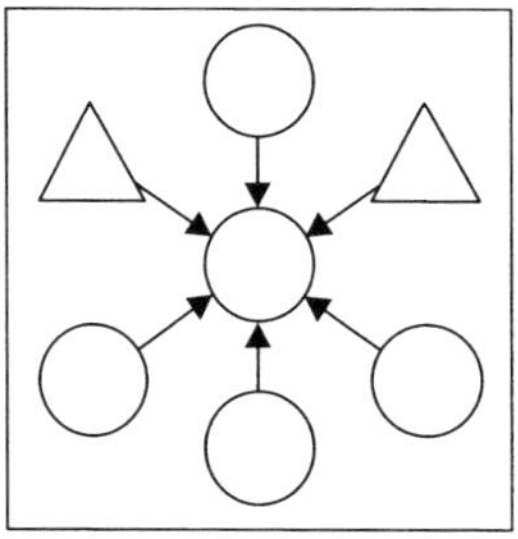

Ein Gruppenmitglied erhält von vielen anderen Gruppenmitgliedern eine positive Wahl.

Igel

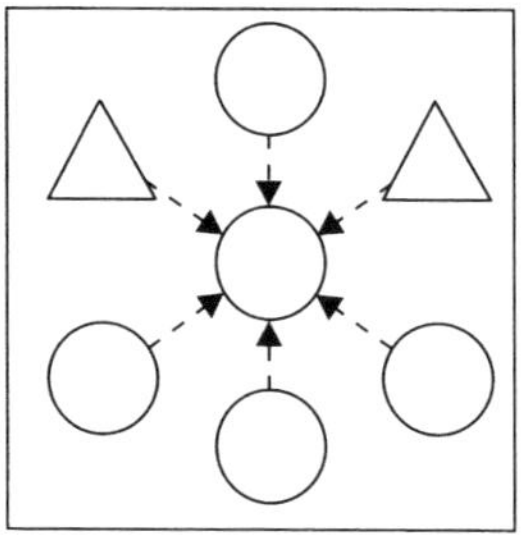

Ein Gruppenmitglied erhält von vielen anderen Gruppenmitgliedern eine negative Wahl.

Paar

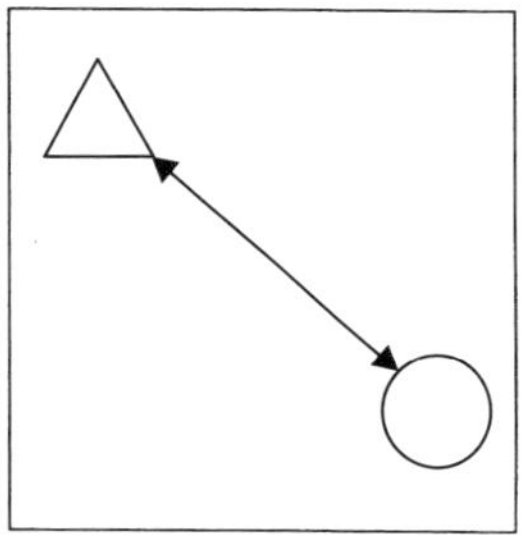

Zwei Gruppenmitglieder wählen sich gegenseitig (Zuneigung).

Dreieck

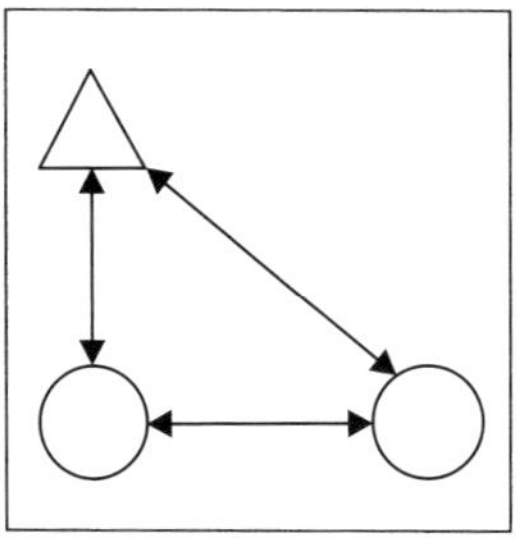

Drei Gruppenmitglieder wählen sich gegenseitig (Zuneigung).

Kette

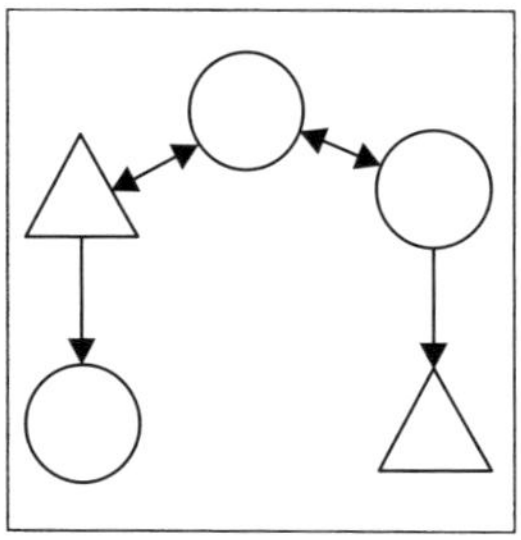

Mehrere Gruppenmitglieder sind miteinander durch einfache oder gegenseitige positive Wahlen verbunden.

Das Interview

Das Interview ist eine Form der Erkundung, die sich im Gespräch zwischen einem Interviewer und einem Befragten oder einer Gruppe von Befragten vollzieht. Im Gegensatz zur schriftlichen Befragung auf der Grundlage von Fragebögen ist die Kommunikationssituation im Interview offener und reversibler. Der Befragte kann zurückfragen, um Verdeutlichung/Umformung der Fragestellung bitten, die Frage kommentieren. Umgekehrt kann auch der Interviewer nachfragen, zu Ergänzungen, Beispielerzählungen, Aufklärung von Widersprüchen auffordern u. Ä. Damit kommt natürlich auch die Subjektivität des Fragenden stärker ins Spiel. Dies wird beim freien, ungebundenen, *narrativen* Interview sicher eher der Fall sein als beim *teilstrukturierten/standardisierten* Interview, bei dem Reihenfolge und Formulierung der Fragen, zuweilen auch schon Antwortkategorien vorgegeben sind. Den eher offenen oder eher gebundenen Formen der Datenerhebung durch Befragung entsprechen dann auch eher deutend-verstehende oder eher quantifizierende Auswertungsformen.

TIPP: Narrative Interviews einsetzen!

Für die Möglichkeiten und Erfordernisse im Rahmen der Schulpraktika ist das narrative Interview mit einer anschließenden interpretierenden Auswertung und der Zusammenfassung beider in Berichtform wohl am zweckmäßigsten.

Dazu ein Beispiel aus der Literatur:
MÜHLHAUSEN (1994, S. 244 ff.) hat eine Deutschstunde eines 3. Schuljahrs aufgezeichnet und anschließend von Studierenden, die am Unterricht nicht teilgenommen hatten, 20 Schülereinzelinterviews durchführen lassen. Dabei wurden folgende Fragen gestellt:

1. Ich möchte von dir wissen, was in der Stunde passiert ist. Was hast du eben erlebt und was hast du alles gemacht? (ggf. Nachfrage: Was hast du sonst noch gemacht, nebenbei?)
2. Kannst du mir sagen, warum du das gemacht hast, warum ihr das lernen solltet?
3. Hast du in der Stunde alles machen müssen oder hast du auch etwas von selbst gemacht? Konntest du dir etwas aussuchen?
4. Was hat dir an der Stunde gut gefallen, was hat dir nicht so gut gefallen?

Zur zweiten Frage geben wir die Antworten von sieben Schülern wieder. Sie illustrieren sehr deutlich, wie wichtig es bei der Beobachtung von Unterricht ist, auch zu erfragen, wie sich dieser Unterricht in der Wahrnehmung der Schüler darstellt.

Stefanie: Weil Johanna hat gefragt: Woll'n wir das zusammen machen? Hab ich gesagt, ja. Hab ich nicht genau gewusst, was ich durchstreichen muss, hab ich bei ihr geguckt.

Daniela: Weiß ich nicht. Bianca und ich haben uns nur unterhalten darüber, was wir machen sollten. Dass man bei Haustieren, und auch bei anderen Tieren, dass man die nicht quälen soll. Und dass man nicht so einfach sagen kann, das Tier, das ist doof, oder so. Tiere sind ja genauso wie Menschen.

Tobias: Weil ich sehr viel Langeweile hatte dabei, weil ich das alles schon konnte und dann hat es mir auch nicht so viel Spaß gemacht und ich hab dann ein bisschen rumgekaspert. Also nicht so rumgekaspert, aber mit Andreas so 'n bisschen rum ...

Diana: Ja, damit wir später auch mal was können, lesen können und rechnen können.

Ingo: Weiß ich nicht. Das haben wir alles auf 'n Arbeitszettel hingeschrieben. Wie wir uns dann, wie wir ein Haustier in der Wohnung haben, wie wir uns dann verhalten.

Beate: Nee!

Michaela: Weil Frau O. das gesagt hat, weil wir den Zettel ausfüllen sollten. Das war so ein bisschen wichtig, aber nicht ganz wichtig.

Wenn man diese Schüleräußerungen miteinander vergleicht, hat man nicht den Eindruck, dass sie sich auf dieselbe Unterrichtsstunde beziehen.

MÜHLHAUSEN kommentiert diese Ergebnisse folgendermaßen: „Vermutlich erleben Schüler Unterricht nicht so sehr als geschlossenes Gesamtarrangement, wie es der Lehrer zu verwirklichen versucht – und wie es zum Beispiel auch ein erfahrener Unterrichtsbeobachter in Anlehnung an die Lehrerperspektive zu rekonstruieren versucht –, sondern *aus der Perspektive ihrer eigenen Tätigkeiten und wichtigen gedanklichen Auseinandersetzungen*. Diese Perspektive ist gekennzeichnet durch Ausblendungen, Sprünge und ganz individuelle Akzentsetzungen." (S. 229)

Für die Unterrichtsplanung leiten wir daraus **drei Schlussfolgerungen** ab:

1. Es ist eine unrealistische Vorstellung, dass alle Schüler während der gesamten 45 Minuten der vom Lehrer intendierten Aufmerksamkeitsrichtung folgen.

2. Um dennoch eine halbwegs übereinstimmende Zielgerichtetheit zu gewährleisten, müssen die Schüler an der Planung und Durchführung des Unterrichts viel stärker beteiligt werden. Auch für Sie als Anfänger gibt es im Rahmen des Praktikums zumindest die Möglichkeit, Motivation, Vorkenntnisse und Interessen Ihrer Schülerinnen zu eventuellen Themen zu erfragen. Ein informierender Unterrichtseinstieg (vgl. GRELL/GRELL), klare Angaben zum Organisationsrahmen, den Unterrichtsabschnitten und den prozess- oder produktorientierten Zielsetzungen können Klarheit und Mitwirkungsbereitschaft bei den Schülern erhöhen.

3. Der Lehrer muss durch professionelle Beobachtung, durch sein pädagogisches Sehen, sensibel werden für solche Prozesse der Veränderung oder des Zerfalls der Aufmerksamkeit oder der Zielorientierung und dann flexibel und schülerorientiert darauf reagieren.

3. Eigene Unterrichtsversuche Planung – Durchführung – Auswertung

Während der Hospitationen von Unterricht sitzen Praktikanten oder andere Besucher meist im hinteren Teil des Klassenraums unter bzw. hinter den Schülern. Dieser Blick nach vorne auf Lehrer und Tafel entspricht der Schülerperspektive. Bei den eigenen Unterrichtsversuchen wird diese Position verlassen und mit dem Standpunkt vor der Klasse Funktion und Rolle des Lehrers eingenommen. Dieser Perspektiv- und Rollenwechsel wird von vielen Praktikanten als unbehaglich erlebt. Eine Latein-Praktikantin beschreibt dies sehr anschaulich:

> „Ich jedenfalls empfand den Schritt aus der Passivität in die Handlungssituation als einen totalen Perspektivenwechsel, der in mir Überraschung und Verwirrung auslöste: Keine der bis dahin von der letzten Bank aus gesammelten Beobachtungen schien sich mit den Eindrücken der erlebten Situation zu decken, geschweige denn den Einstieg in die eigene Unterrichtstätigkeit zu erleichtern." (Fritsch, S. 47)

Neben die Verunsicherung durch den Perspektivenwechsel tritt ein Handlungsdruck. Auf einmal **steht man im Mittelpunkt** der Aufmerksamkeit, man sieht die erwartungsvollen, gleichgültigen oder skeptischen Gesichter der Schüler, fühlt sich von sechzig Augen beobachtet, und alle warten darauf, dass man etwas tut, Initiative entwickelt, etwas vorträgt, arrangiert, moderiert, kurz und trivial: „Leben in die Bude bringt". Diese einschüchternde, vielleicht sogar ängstigende Erfahrung kann entschärft werden, indem man sie langfristig und schrittweise vorbereitet.

TIPP: Eine geeignete Beobachtungsposition wählen!

Setzen Sie sich schon während der Hospitationsphase nicht immer nach hinten, sondern wählen Sie auch Sitzpositionen, bei denen Sie die Schüler von vorn ansehen können. Je nach Raum und Klassensitzordnung kann dies neben der ersten Schülerbank, in einer Ecke der Tafelstirnwand, eventuell in der Nähe der Tür sein. Schauen Sie dann nicht nur auf Ihre Unterlagen oder den unterrichtenden Lehrer, sondern suchen Sie regelmäßig immer auch Gesichter und Augen der Schüler. Vermeiden Sie dabei aber eine zu lange Fixierung und die Beschränkung auf nur einige Schüler. Ein zeitweiliger Blick in den Klassensitzplan, und Sie können sich beiläufig auch die Namen der Schüler einprägen.

TIPP: Sich in das Unterrichtsgeschehen einbringen!

Bitten Sie Ihren Mentor/Ihre Mentorin darum, Sie auch schon während der Hospitationen – selbstverständlich nach vorheriger Absprache – in das Unterrichtsgeschehen einzubeziehen.

Dafür gibt es viele Gelegenheiten:

- Im Rahmen einer Diskussion leisten Sie einen informierenden oder kommentierenden Redebeitrag.
- In einer Stillarbeitsphase beraten/unterstützen Sie einen schwachen Schüler.
- Während einer Gruppenarbeit wirken Sie in einer Gruppe mit.
- Sie begleiten Schüler, die außerhalb des Klassenraums etwas vorbereiten sollen (Ratespiel, Rollenspiel o. Ä.).
- Sie assistieren dem Mentor durch Bedienung von Medien (Tonband, Videorecorder, Kamera, Filmprojektor), beim Aufbau von Versuchsanordnungen (Physik, Chemie, Biologie), bei der Sicherung der Schüler (beim Geräteturnen).
- Sie übernehmen das Anschreiben an die Tafel (wichtige Übung).
- Sie kontrollieren die Hausaufgaben.
- Sie schiedsrichtern das die Sportstunde abschließende Spiel.

TIPP: Selbst unterrichten!

In einer mit dem Mentor gemeinsam konzipierten Stunde übernehmen Sie selbstständig einen Unterrichtsabschnitt (Phase).

Zur Veranschaulichung auch hier einige Beispiele:

- In der Sportstunde leiten Sie das Warmlaufen und anschließende Zirkeltraining.
- In der Mathematikstunde führen Sie die einleitende Übung im Kopfrechnen durch.
- Im Deutschunterricht lesen Sie die Kurzgeschichte vor, über die die Mentorin das anschließende Unterrichtsgespräch führt.
- In Geographie erzählen Sie den Schülern von Ihren Erlebnissen und Reiseerfahrungen in ...
- Im Fremdsprachenunterricht üben Sie das Lesen eines Textes.
- Im Musikunterricht spielen Sie ein Instrumentalstück vor oder leiten das gemeinsame Singen.
- In Physik führen Sie ein Experiment vor.
- In Biologie leiten Sie die Schülerinnen beim Mikroskopieren an.
- Im Geschichtsunterricht erzählen Sie vom Leben in einer mittelalterlichen Stadt.
- In Sozialkunde erläutern Sie die grafische Darstellung der Bevölkerungsentwicklung.
- In Chemie halten Sie einen kurzen Lehrervortrag über Probleme bei der Entsorgung von Chemieabfällen.

Sicher werden Ihnen und Ihren anleitenden Lehrern noch viele weitere Möglichkeiten einfallen. Wichtig ist, dass die von Ihnen übernommene Unterrichtsphase sich inhaltlich wie methodisch klar abgrenzen lässt, zeitlich überschaubar bleibt und Ihnen nicht schon so schwierige Handlungsmuster wie das Unterrichtsgespräch abverlangt. Aus unseren Beispielen wird auch deutlich, dass wir **Lehrakte** wie Vortragen, Darbieten, Vorführen und **Lernakte** wie Zuhören, Beobachten, Mitschreiben für geeignet halten, um sich schrittweise in die Lehrerrolle und ihre Funktionen beim Unterrichten hineinzufinden. Die vorgeschlagenen Handlungsmuster und Aktionsformen erfordern noch nicht das ständige Ineinandergreifen, die Integration von Lehr- und Lerntätigkeit. Interaktion und Kommunikation von Lehrer und Schülern vollziehen sich eher nacheinander und sind so für den Anfänger in der Vorbereitung besser antizipierbar und berechenbar. Gleiches gilt für Arbeitsformen, die den Schülern vertraut sind, wie Zirkeltraining, Rechen-/Leseübungen oder gemeinsames Singen.

Unsere bisherigen Anregungen sollen helfen, den Anfänger in die Lehrtätigkeit vor der Klasse einzuführen. Zugleich wird er/sie dabei die Erfahrung machen, wie zahlreich, vielschichtig und komplex die verschiedenen Eindrücke vom Unterrichtsgeschehen auf ihn/sie einwirken. Die folgenden Äußerungen von Praktikantinnen an unterschiedlichen Schularten veranschaulichen diesen Eindruck:

> „Eine Schwierigkeit des Unterrichtens, die ich bei meinem ersten und zeitweise auch bei diesem Praktikum bemerkte, ist, dass ich mich häufig durch die vielen im Unterricht auf mich einströmenden Eindrücke überfordert fühle, was zur Folge hat, dass ich beim Unterrichten mitunter für kurze Zeit ‚den Faden verliere'." (Praktikantin - Grundschule)
>
> „Mir ist in dieser Zeit klar geworden, welch ein komplexes Geschehen das Unterrichten eigentlich ist, wieviel Reaktionsvermögen es mir abfordert, wieviel Dinge ich gleichzeitig im Blick haben muss. Z. B. fiel es mir oft schwer, am Anfang besonders, die Klasse im Blick zu haben, die Äußerungen der Schülerinnen aufzunehmen und parallel dazu Notizen an der Tafel zu machen." (Praktikantin - Gymnasium)

Auf Komplexität und Vielschichtigkeit der Unterrichtssituation antwortet der erfahrene Lehrer mit **Allgegenwärtigkeit**, einer ganzheitlichen Verhaltensweise, die KOUNIN (1976) in seinen Untersuchungen zu „Techniken der Klassenführung" beschreibt: „Lehrer bemerkt alles, reagiert sofort, ohne die Tätigkeit an der Sache zu unterbrechen ..." Diese Mischung aus konzentrierter Aufmerksamkeit, Geistesgegenwart, Merkfähigkeit und Reaktionsbereitschaft kann selbstverständlich nicht im Schulpraktikum erlernt werden, sondern bedarf jahrelanger beruflicher Praxis. Jedoch ist sehr wohl die Erfahrung zu vermitteln, dass Präsenz und Gleichzeitigkeit verschiedener Handlungsmöglichkeiten für die Unterrichtsführung äußerst hilfreich sind. Ebenso werden Sie feststellen, dass auch erfahrene Praktiker nicht in jeder Stunde gleich „allgegenwärtig" sind und wie nervlich belastend ein derartiger Anspruch den Lehrerberuf macht. Ganz abgesehen davon, dass der von KOUNIN gewählte Begriff der ‚Allgegenwärtigkeit' fatal an die auf Seite 21 f. beschriebenen Überhöhungen der Lehrerpersönlichkeit erinnert. Dies vermeiden SCHORB/LOUIS (1975), indem sie den Sachverhalt mit dem Wortungetüm „Komplexkapazität" des Lehrerverhaltens bezeichnen.
Unsere Überlegungen zur Komplexität des Unterrichtsgeschehens und der Vielfalt der Lehrerverhaltensweisen verdeutlichen einen weiteren Aspekt. Die auf Seite 9 erläuterten Teiltätigkeiten des Lehrers (Lehren, Erziehen, Beurteilen, Beraten, Innovieren) beziehen sich nicht notwendigerweise auf verschiedene Situationen wie Fachunterricht, Klassenfahrten, Elterngespräch, Zensurenfindung, Abiturprüfung, Curriculumentwicklung, sondern werden im Verlauf **einer** Unterrichtsstunde praktiziert.
Zum Beispiel: Halten eines einführenden Lehrervortrags; Erziehung zum Aufeinanderhören; Beratung einer Arbeitsgruppe während der Gruppenarbeit;

Beurteilung/Zensierung eines Arbeitsergebnisses; Einsatz eines neuen Mediums. In der Praxis des erfahrenen Lehrers integrieren sich diese Teiltätigkeiten ganz selbstverständlich. Als Praktikant müssen Sie die verschiedenen Anteile in der Beobachtung fremden Unterrichts und bei der Planung eigener Unterrichtsversuche herausarbeiten. Hinweise und Hilfen dazu soll der folgende Abschnitt bieten.

Welche Aufgaben sich bei der Vorbereitung eines Unterrichtsexperiments stellen, beschreibt das folgende Zitat aus einem Praktikumsbericht:

> „Die Planung meiner Stundenverläufe ging mir nicht immer leicht von der Hand und dauerte bisweilen mehrere Stunden, vor allem wenn besondere Medien eingesetzt werden sollten ... Man muss sich gezielt vorbereiten: Lernziele festlegen, Folien/Tafelbilder entwerfen, Fragen/Impulse vorformulieren, Schülerreaktionen vorhersagen, Alternativen bedenken, überhaupt immer wieder versuchen, sich in die Köpfe der Schüler zu versetzen und sich fragen, wo sie Probleme haben werden, was sie interessiert oder eben auch nicht.“ (FRITSCH, S. 51)

3.1 Planung von Unterricht

Didaktische Begriffe – Didaktische Modelle – Didaktische Theorie

Im Abschnitt 2.1 hatten wir für die Zwecke der Unterrichtsbeobachtung das didaktische Dreieck und das didaktische Modell von Paul HEIMANN erwähnt. Die dort genannten Strukturmomente des Unterrichts gelten auch als die zentralen Gesichtspunkte der Unterrichtsvorbereitung.
In anderen Theorien und Modellen der Allgemeinen Didaktik sind es gleiche oder ähnliche Handlungs- bzw. Entscheidungsaspekte, die für jeden Unterricht als konstituierend genannt werden. Als HEIMANN sein **lern**theoretisches Modell vorstellte, war in der Schulpädagogik und Lehrerausbildung der damaligen Bundesrepublik das **bildungs**theoretische Modell Wolfgang KLAFKIS beherrschend. Seine Konzeption ging zurück auf Erich WENIGER (1893–1961), der Didaktik als „Theorie der Bildungsinhalte und des Lehrplans“ verstand. Mit einer „Didaktischen Analyse als Kern der Unterrichtsvorbereitung“ (1958) will KLAFKI den Lehrer befähigen, die in Lehrplänen und Rahmenrichtlinien genannten Bildungs**inhalte** auf ihren Bildungs**gehalt** zu untersuchen. Als Instrument entwickelt er eine Reihe von Fragen, auf die wir später noch genauer eingehen werden.
KLAFKIS bildungstheoretischem Verständnis von Didaktik im engeren Sinne (Inhalte, Ziele) stellte HEIMANN 1962 seine „Didaktik als Theorie und Lehre“ gegenüber. Er wendet sich gegen „die Ausklammerung der Methodenorganisation oder der Medienwahl aus dem Didaktikbegriff“ (HEIMANN 1962, S. 157) und entwickelt eine Struktur- und Faktoren-Analyse. Darin sind die Struktur-

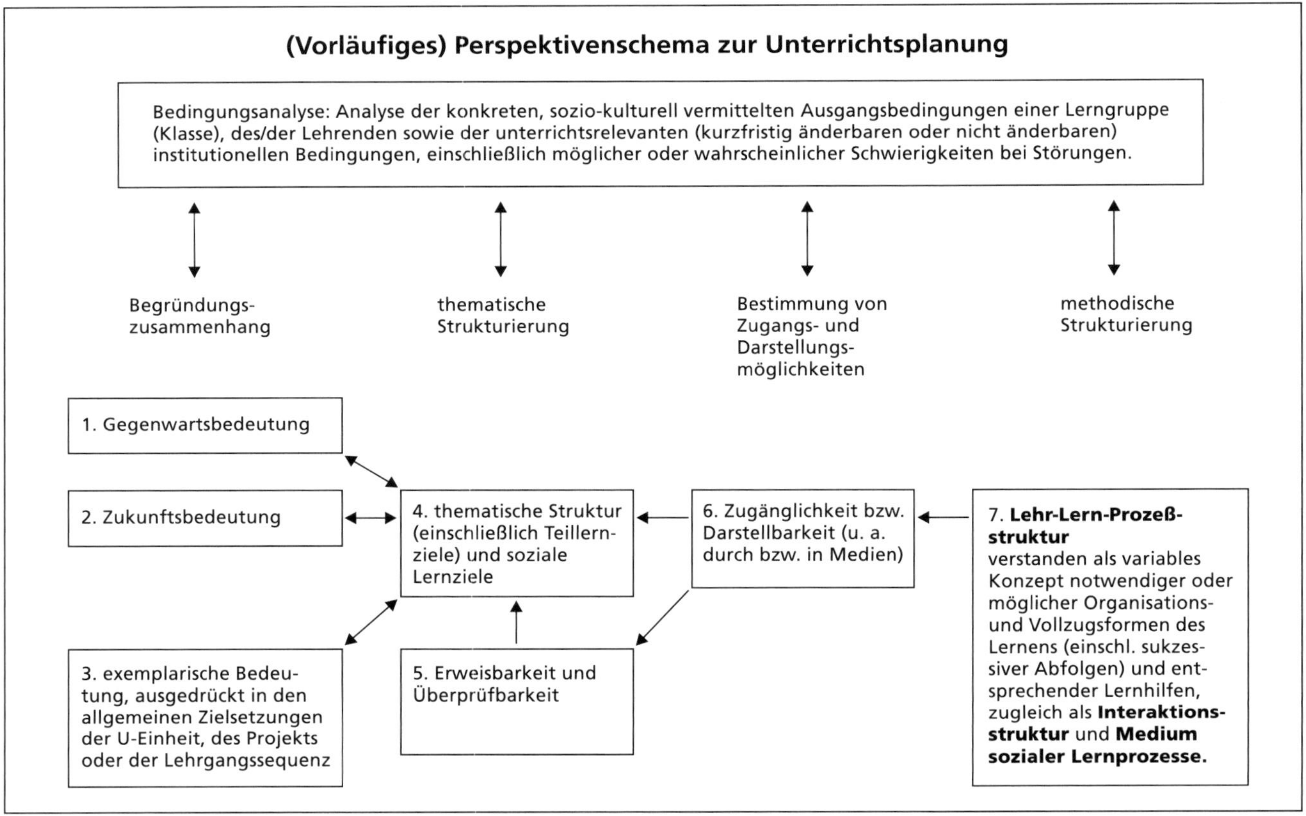

Strukturmodell nach KLAFKI (1994, S. 272)

momente der **Entscheidungsfelder** (Intentionen, Inhalte, Methoden, Medien) und der **Bedingungsfelder** („anthropologisch-psychologische" und „situativ-sozial-kulturelle") bei Planung wie Analyse von Unterricht gleichgewichtig zu berücksichtigen, da sie in einem Verhältnis wechselseitiger Abhängigkeit und Beeinflussung (Interdependenz) gesehen werden müssen (vgl. Schema S. 26). Zwischen den Vertretern einer Didaktik im engeren und im weiteren Sinne hat es seit 1962 bis zu Beginn der 80er Jahre eine intensive wissenschaftliche Auseinandersetzung gegeben, in deren Verlauf auch die jeweiligen Modelle weiterentwickelt, modifiziert und einander angenähert wurden. KLAFKI hat seine „Didaktische Analyse" weitergeführt zu einem „Perspektivenschema für die Unterrichtsplanung" (auf der gegenüberliegenden Seite), das nun auch Methoden und Medien einschließt und den Kern seiner „kritisch-konstruktiven" Didaktik bildet. Die Schüler von HEIMANN, Wolfgang SCHULZ und Gunter OTTO, haben seine didaktische Struktur- und Faktorenanalyse zum sogenannten „Berliner Modell" erweitert (1965). Später hat SCHULZ daraus im Rahmen einer grundlegenden – vorwiegend gesellschaftskritisch motivierten – Revision sein „Hamburger" Modell konzipiert und die ursprünglich als **lern**theoretisch charakterisierte Didaktik eine **lehr**theoretische genannt.
In Lehrbüchern zur Didaktik werden Ihnen noch viele andere Modelle begegnen, die im gleichen Zeitraum ergänzend oder kontrastierend zu denen von KLAFKI und HEIMANN entstanden sind. Ihre Wirkung und Ausbreitung ist aber begrenzter.

Reichweite, Erklärungskraft und Leistungsfähigkeit von didaktischen Modellen

1. Didaktische Modelle sind theoretische Konstrukte der *Allgemeinen* Didaktik als einer Unterrichtstheorie, die von den speziellen Unterrichtsfächern und deren konkreten Inhalten abstrahiert. Die Theorie des schulischen Fachunterrichts wird von der jeweiligen Fachdidaktik entwickelt. Die Fachdidaktiken beziehen sich in unterschiedlicher Weise auf die allgemeindidaktischen Modelle, haben möglicherweise zu bestimmten Modellen auch eine besondere Affinität, konstruieren aber häufig für ihre speziellen Bedürfnisse Mischformen aus verschiedenen Theorien.

2. Der Lehrer plant seinen Unterricht unter verschiedenen Zeitperspektiven. Jahresplan, Halbjahresplan, Monatsplan und Wochenplan sind die kalendarischen Größen, auf die Stoffverteilung, Leistungskontrollen, Klassenarbeiten, Zensurenfindung bezogen werden. Dabei muss er die Stundentafel, Ferien, Feiertage, besondere schulische Veranstaltungen, Projektwochen, Betriebspraktika u. Ä. berücksichtigen. Den Rahmen einer konkreteren inhaltlichen Planung bilden die thematischen Unterrichtseinheiten und deren einzelne Stunden. In diesem Bereich der Unterrichtsplanung werden Sie sich mit Ihren Unterrichtsexperimenten während des Praktikums bewegen und hier sollen

Ihnen die Begriffe und Kategorien der Didaktischen Modelle eine Orientierungshilfe bieten. Diese praktische Konsequenz beschrieb Will LÜTGERT Anfang der 80er Jahre so:
„Zunächst einmal sollte man sich wieder auf den pragmatischen Ursprung der didaktischen Modelle zurückbesinnen und ihre legitimatorische Überfrachtung vergessen. Ohne Zweifel brauchen Lehrerstudenten und Referendare einen überschaubaren Satz von Konzepten, der ihnen hilft, Akzente zu setzen und Unterrichtskomplexität zu reduzieren. Nur so werden sie bei der Unterrichtsanalyse sprach- und bei der Unterrichtsplanung handlungsfähig. Einfache didaktische Modelle können eine ‚erste Hilfe' sein." (1981, S. 589)

3. Theorien im Bereich der Didaktik sind – wie viele Theorien – zeitgebunden und stehen in Konkurrenz zu anderen Theorien. Einen Zustand der Endgültigkeit und Ausschließlichkeit gibt es auch hier nicht. Diese Relativierung formuliert Wolfgang KLAFKI mit erfreulicher Deutlichkeit:
„Es gibt seit der Neuzeit kein als allgemeingültig anerkanntes oder begründbares philosophisches, theologisches, wissenschaftstheoretisches System der Normen und Inhalte, die in der Schule durch Unterricht vermittelt werden sollen. Didaktische Entscheidungen über Auswahl und Anordnung von Lernzielen und Inhalten sind vielmehr geschichtliche Entscheidungen unter bestimmten geschichtlichen Voraussetzungen." (KLAFKI 1994, S. 87)

Schlussfolgerungen für unsere Darstellung:

Wir können Ihnen keine Planungsanleitung nach dem Motto „wenn – dann" liefern, sondern wir müssen den realen Unterrichtszusammenhang auflösen und die ihn konstituierenden Strukturmomente einzeln darstellen. Wir werden also zum Zwecke der Darstellung zerreißen, was in der Unterrichtspraxis nicht zu zerreißen ist. Denn man kann nicht über Ziele sprechen, ohne die Inhalte zu berücksichtigen, man kann nicht über Inhalte sprechen, ohne die Lernziele zu bedenken, man kann über die Angemessenheit einer Lehrmethode nur sinnvoll entscheiden, wenn man die Lernziele und Inhalte berücksichtigt, man kann keine Medienauswahl treffen, ohne zuvor die Frage der Ziele und Inhalte beantwortet zu haben, und alle diese Fragen sind zu entscheiden unter Berücksichtigung anthropogener und sozialkultureller Bedingungen.

Wenn wir jeden **Planungsaspekt** gesondert besprechen und dabei in einer bestimmten Reihenfolge vorgehen, so bedeutet dies nicht, dass Planen als gedankliche Antizipation, als Entwicklung von Vorstellungen, als geistiges Probehandeln sich ebenfalls in dieser Reihenfolge vollzieht. So wie im Unterricht alle Strukturmomente sich ständig überlagern und wechselseitig bedingen, geschieht dies in der geistigen Auseinandersetzung ebenfalls. Aus Untersuchungen über die Unterrichtsvorbereitung erfahrener Lehrer ist bekannt, dass sie keineswegs streng der Hierarchie

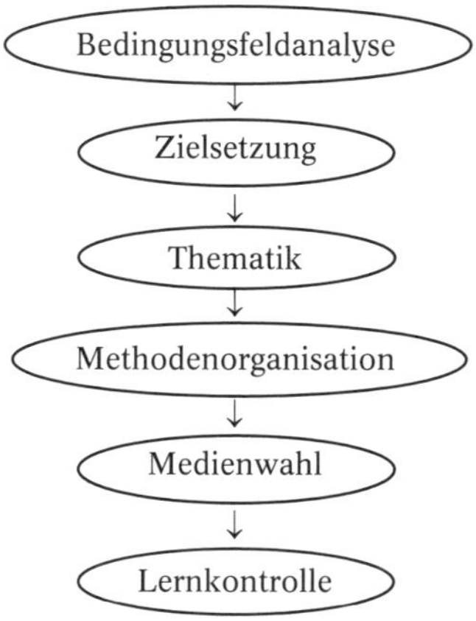

folgen. Ihre Unterrichtsideen und Planungskonzepte können ihren Ausgangspunkt bei jedem der Planungsaspekte nehmen und werden dann mit den übrigen in eine kohärente, stimmige Beziehung gebracht, die schließlich zur Konstruktion eines Unterrichtsplans führt. Solche Ansätze könnten sein:

- Vor Ostern muss ich noch einen Biologie-Test schreiben.
- Mit der 7b muss die Gruppenarbeit geübt werden.
- Vor dem Betriebspraktikum ist die Textform „Bericht“ zu wiederholen.

Außerdem ist zu unterscheiden zwischen Planung als gedanklicher Antizipation und deren Niederlegung in der schriftlichen Form einer Sequenzplanung oder eines Stundenentwurfs. Bei diesen Textformen, auf deren Funktion und Struktur wir später noch eingehen, ist eine Abfolge im obigen Sinne natürlich angebracht.
Dies gilt ebenfalls für Ihre Situation als Praktikantin. Für Sie ist eine klare Reihenfolge und Eingrenzung der Planungsschritte überaus hilfreich, nicht als Korsett, aber als Geländer. Dabei ist es nicht erforderlich, jedes Strukturmoment durch Bezug auf einen didaktischen Theoretiker zu legitimieren oder gar das gesamte Planungshandeln aus einem didaktischen Modell zu entwickeln.

Zur Vertiefung zum Thema „Didaktische Modelle“ seien die Bücher von JANK/MEYER (1991) und KRON (1993) empfohlen.

Planungsvoraussetzungen

Während der Hospitations- und Beobachtungsphase haben Sie Gelegenheit gehabt, die Rahmenbedingungen Ihrer eigenen Unterrichtsversuche bewusster wahrzunehmen, Schulleiter, Lehrerinnen, Schüler genauer zu befragen, in Verordnungen, Rahmen- und Stoffplänen bzw. didaktisch-methodischer Literatur nachzulesen.
Im Abschnitt 2.1 „Inhalte der Beobachtung" haben wir eine Fülle von Aspekten zusammengestellt, die in ihrer Gesamtheit das Bedingungsgefüge unterrichtlichen Handelns bilden. Wir haben darauf hingewiesen, dass Sie natürlich nicht alles beobachten können. Gleiches gilt für die Voraussetzungen eigenen Unterrichts. Niemand ist in der Lage, sämtliche Bedingungen, die Auswirkungen auf die jeweilige Stunde haben, vorher abzuklären und sich bewusst zu machen. Auch hier können Sie nur Schwerpunkte setzen, eine Auswahl treffen. Dies fällt leichter, wenn man einige Ordnungsgesichtspunkte berücksichtigt, die in der didaktisch-methodischen Literatur aufgeführt werden und die auch schon als Beobachtungsschwerpunkt genannt wurden.

Welche Bedingungen/Voraussetzungen sind zu unterscheiden?

Die lehrtheoretische Didaktik (Heimann) unterscheidet die **anthropologisch-psychologischen** und die **situativ-sozialkulturellen** Bedingungsfelder. Im Perspektivenschema Klafkis wird die „Analyse der konkreten, soziokulturell vermittelten Ausgangsbedingungen einer Lerngruppe (Klasse), des/der Lehrenden sowie der unterrichtsrelevanten (kurzfristig änderbaren oder nicht änderbaren) institutionellen Bedingungen, einschließlich möglicher oder wahrscheinlicher Schwierigkeiten bzw. ‚Störungen' gefordert. (Klafki 1994, S. 272)
Mit der tabellarischen Übersicht auf der folgenden Seite stellen wir die besonders wichtigen Aspekte der Unterrichtsbedingungen noch einmal stichpunktartig zusammen. Die vorgenommene Einteilung in drei Bereiche soll der besseren Orientierung in der Schulpraxis dienen.

Zur Vertiefung seien empfohlen:
Meyer, Hilbert: Leitfaden zur Unterrichtsvorbereitung. Frankfurt am Main: Cornelsen Verlag Scriptor 1991 (11. Aufl.) (© 1980)
Peterssen, Wilhelm H.: Handbuch Unterrichtsplanung. München: Ehrenwirth 1996 (7. Aufl.)

Voraussetzungen und Bedingungen des Unterrichts		
anthropol.-psychologisch (der Einzelne)	**situativ** (die Klasse/Lerngruppe)	**sozial-kulturell** (Umfeld/Gesellschaft)
Schüler: ▪ Geschlecht, Alter, Entwicklungsstand, Herkunft, Nationalität, Konfession ▪ Stars, Außenseiter, Problemschüler, schwache Schüler, „Spezialisten" ▪ Vorwissen, Lernstand, Leistungsmöglichkeiten, Motivation ▪ Lerninteressen, außerschulische Lernerfahrungen **Lehrer:** ▪ Geschlecht, Alter, Konstitution, Biographie ▪ Ausbildungsstand, Motivation, besondere Leistungsmöglichkeiten, Interessen ▪ Sachkompetenz, Lehrstil ▪ Pädagogische Grundüberzeugungen, Alltagstheorien	▪ Klassenstufe, Kurs o. Ä. (spez. Ausprägungen wie Sprachenfolge, Wahlpflicht-/ Profilkurse, Arbeitsgemeinschaften) ▪ Zahl, Geschlecht, Alter, Herkunft, Nationalität, Konfession der Schüler ▪ Sitzordnung ▪ Geschichte, Klima, Gruppenbildung der Klasse ▪ Leistungsstand, Arbeitshaltung, Beherrschung von Sozialformen, Arbeitstechniken, Methoden ▪ Gestaltung und Ausstattung des Klassenraums (Schmuck, Schülerarbeiten, Medien, Arbeitsmittel) ▪ Voraufgegangener Unterricht, Vorwissen ▪ Ort der Stunde im Stunden-/ Wochenplan	▪ Schulart, spezielles Schulprofil, besondere Lern-/ Bildungsangebote ▪ Einzugsbereich, soziale Schichtung, sonstiges Schulangebot ▪ Lehrerkollegium (Größe, Geschlechterverhältnis, Alter, Teilzeitkräfte, Referendare, Lehreranwärter) ▪ Rahmenrichtlinien, Lehrpläne, Arbeitsvorgaben, Verordnungen (z. B. Zahl der Klassenarbeiten, Benotung) ▪ spezielle Arbeitspläne der Schule oder Fächergruppen (Beschlüsse der Fachkonferenzen) ▪ Ausstattung mit Lehr- und Lernmitteln, Fachräumen, Kopierer, Druckerei, Schülerbibliothek, Lehrerbibliothek

Welche Schlussfolgerungen für die Planung ergeben sich?

1. Einer erfahrenen Lehrerin, die „ihre" Klasse kennt, schon einige Jahre an „ihrer" Schule tätig ist und in der Region lebt, sind viele der oben genannten Aspekte vertraut. Automatisch wird sie diese in ihren Planungsentscheidungen berücksichtigen. Für sie aktuell sind eher die unmittelbaren Unterrichtsbedingungen, die sich aus dem Prozess der inhaltlichen Arbeit, den jeweiligen Lernfortschritten und Lernbedürfnissen der Schüler und der Ablaufstruktur des Schuljahres ergeben.

2. Für Sie als Praktikantin ist es schon erforderlich, sich den größeren Rahmen des Bedingungsfeldes bewusst zu machen (Hospitationsphase), für ihre Unterrichtsplanung aber ebenfalls eine Auswahl zu treffen und nur die Aspekte zu erörtern, die ihre Unterrichtsexperimente aktuell bedingen.

Hierzu einige Beispiele:

- Bevor Sie sich nach Durchsicht der Literaturvorschläge im Rahmenplan für eine Lektüre entscheiden, sollten Sie prüfen, ob die Schüler das Werk nicht schon in einem anderen Schuljahr gelesen haben, ob genügend Textexemplare in der Schülerbibliothek vorhanden sind und ob es sich um die gleiche Ausgabe (Verlag, Auflage, redaktionelle Bearbeitung usw.) handelt.

- Wenn Sie eine politische Karte Europas einsetzen, sollten Sie sich vorher vergewissern, ob aktuelle Veränderungen in den Staatsgrenzen (Tschechische Republik und Slowakische Republik, ehemaliges Jugoslawien u. Ä.) markiert sind.
- Wenn Sie in Sozialkunde Familienerziehung und Heim- bzw. Internatserziehung kontrastieren, sollten Sie schon berücksichtigen, ob in Ihrer Klasse Heimkinder sind. Gleiches gilt für Themen wie Drogen-/Alkoholkonsum, Arbeitslosigkeit, Kindesmisshandlung u. Ä.
- Ein Schüler, der Ihnen von seinen häuslichen Chemie-Experimenten und entsprechenden Computersimulationen erzählt, sollte als „Spezialist" an der Unterrichtsgestaltung mitwirken dürfen.
- Reiseerfahrungen, besondere Sprachkenntnisse, Zugehörigkeit zu anderen Kulturkreisen können die Schüler in den Unterricht tragen, wenn Sie sich darüber vorher informiert haben und dies in Ihrer Planung berücksichtigen.

3. Die verschiedenen Aspekte des Bedingungsfeldes haben einen unterschiedlichen Bezug zu den Entscheidungsfeldern der Zielsetzung, der Thematik, der Methodik und der Medienwahl. Es wird deshalb erforderlich sein, bei Entscheidungen zum jeweiligen Strukturmoment die diesbezüglichen Bedingungen spezieller zu reflektieren. So sind die besonderen stofflichen Vorkenntnisse der Schüler im Zusammenhang mit der Thematik, ihre Fähigkeit zur Gruppenarbeit bei den Methodenentscheidungen, das Fehlen eines OH-Projektors im Kontext der Medienwahl zu berücksichtigen. Auch wir werden in unserer Darstellung entsprechend verfahren.

Lehrziele – Lernziele – Unterrichtsziele

Erziehung, Bildung und Unterricht wurden zu allen Zeiten mit bestimmten Absichten und Zielsetzungen verbunden. Für pädagogische Absichten wird meist der Begriff **„Intention"** verwendet, aber auch von Erziehungs- und Bildungszielen gesprochen. Den Bildungszielen werden Bildungsinhalte in einem staatlichen Lehrplan zugeordnet. Lehrpläne und Lehrziele richten sich an die Lehrenden. Bis zu Beginn des 20. Jahrhunderts wurde der Unterricht durch lehrplangemäßes Lehren der Lehrer bestimmt. Verschiedene reformpädagogische Konzepte lenkten dann die Aufmerksamkeit auf die Lernenden. Sie sollten nicht mehr passiv-rezeptiv den Lehrstoff aufnehmen, sondern ihren individuellen Lernprozess aktiv gestalten und sich mit ihrem Lernziel identifizieren. Geht man von der heutigen Vorstellung aus, dass Lehren und Lernen ein wechselseitiger Interaktions- und Kommunikationsprozess ist, der den Unterricht konstituiert, so würde der Begriff Unterrichtsziel diesen Sachverhalt am besten ausdrücken. Dennoch hat sich mit der Rezeption amerikanischer Lerntheorien, u. a. auch zum programmierten Unterricht, der Begriff **Lern**ziel durchgesetzt und wird in Rahmenrichtlinien, didaktisch-methodischer Literatur sowie Unterrichtsmodellen und Stundenentwürfen verwendet.

Im Verlauf der 70er und 80er Jahre ist am Konzept der Lernzielorientierung viel Kritik geübt worden. Zu starke Lehrerzentriertheit und die Beschränkung auf messbare Lernergebnisse waren die Haupteinwände. Diese Beurteilung hatte zur Folge, dass seit Mitte der 80er Jahre eine strenge und ausschließliche Lernzielorientierung kaum noch praktiziert wird.
Parallel dazu verbreiteten sich Unterrichtskonzepte, deren Merkmal eine ausgeprägte Schülerorientierung ist (vgl. zusammenfassend HEURSEN 1997). Interessen und Erfahrungen der Schülerinnen und Schüler sollen zum Ausgangspunkt eines möglichst handlungsbezogenen (Kopf, Herz und Hand integrierenden) selbstbestimmten und offenen Lernprozesses werden. Auch im Rahmen dieser Konzepte werden Zielvorstellungen entwickelt, die dann als **Handlungs**ziele der Lernenden erscheinen.
Alle diese Unterrichtskonzepte erfordern vom Lehrer ein hohes Maß an Flexibilität, Fach-, Methoden- und Sozialkompetenz und die Durchsetzungsfähigkeit, den Handlungsspielraum im Schulalltag zu erweitern. Als Anfänger im zeitlich begrenzten Rahmen des Schulpraktikums wird der Anspruch dieser Konzeptionen Sie vermutlich überfordern. Sie wollen sich als Lehrer/in ausprobieren. Dies legt eine gewisse Lehrer- und Lernzielorientierung nahe, die aber durchaus nicht mit Ignoranz gegenüber Erfahrungen und Interessen von Schülern verbunden sein muss.

Was ist ein Lernziel?

Robert F. MAGER, dessen Buch „Lernziele und Programmierter Unterricht" in der deutschen Übersetzung 1965 eine langandauernde Lernzieldiskussion in Gang setzte, schlägt folgende Definition vor:
„Unter Lernziel versteht man ... eine Beschreibung von Eigenschaften, die der Lernende nach erfolgreicher Lernerfahrung erworben hat. Es ist die Beschreibung eines Katalogs von Verhaltensweisen, die der Lernende äußern können soll." (MAGER 1965, S. 3)

Hilbert MEYER definiert:
„Lernziele beschreiben den Endzustand einer beabsichtigten Verhaltensveränderung, der sich als Ergebnis eines Lernprozesses beim Schüler nach dem Unterricht zeigen soll." (MEYER 1974, S. 14) Noch knapper formuliert: Ein Lernziel ist ein „gewünschtes Lernergebnis". (ebd., S. 22)

Warum ist es sinnvoll, Lernziele zu formulieren?

Es ist u. E. sinnvoll und notwendig, Lernziele zu formulieren. Denn:

- Lernziele schärfen den Blick für die lehr- und lernmethodische Gestaltung des Unterrichts (Was muss ich als Lehrer tun, was müssen die Schüler tun, um die Ziele zu erreichen? Welche Sozialformen, welche Medien sind angemessen?).

- Sie ermöglichen es, den Erfolg des Unterrichts präziser zu überprüfen (Wurden die Ziele erreicht?).
- Zielformulierungen schützen davor, Inhalte nur als Selbstzweck zu begreifen, ohne über ihre Bedeutung für die Lernenden nachzudenken!

Wie formuliert man Lernziele?

Wir wollen dies an einem Beispiel erläutern:

> **Beispiel:**
> Die Schüler können einige Grundrechte aus dem Grundrechtskatalog des Grundgesetzes (Art. 1–19) in eigenen Worten nennen.

Diese Lernzielformulierung verweist auf ein Unterrichts**thema**: die Grundrechte. Und sie verweist auf ein Schüler**verhalten**: in eigenen Worten **nennen**. **Inhaltsteil** und **Verhaltensteil** sind konstituierend für eine Lernzielformulierung. In beiden Teilen lässt unser Beispiel Spielräume und Leerstellen. „Einige“ können zwei, fünf, acht sein, „in eigenen Worten“ lässt sehr viele Formulierungsmöglichkeiten zu.
Wenn man Lernziele formuliert, dann sollte man sich an folgenden **Unterscheidungsaspekten** orientieren:

Genauigkeit der Zielformulierung	Darunter versteht man die Unterscheidung von Lernzielen nach ihrem Abstraktionsniveau (= „Grad an Konkretheit, Genauigkeit und Eindeutigkeit“). Christine MÖLLER hat diese Differenzierung 1969 in die Diskussion gebracht.
Operationalisierung	Darunter versteht man, dass im Lernziel beschrieben wird, was der Lernende unter welchen Bedingungen tun muss (Handlungen, Operationen), um zu zeigen, dass er das Lernziel erreicht hat und woran dieser Lernerfolg gemessen werden soll. (MAGER 1965, S. 53)
Verhaltensbereich	Darunter versteht man die Unterscheidung von Lernzielen nach dem jeweiligen Verhaltensbereich, auf den sie sich beziehen. Benjamin BLOOM u. a. haben 1956 vorgeschlagen, folgende Bereiche zu unterscheiden: den *kognitiven*, den *affektiven* und *psychomotorischen*.
Schwierigkeitsgrad	Darunter versteht man die Komplexität eines Lernziels. BLOOM u. a. unterscheiden Lernziele auch noch nach ihrem Anspruchsniveau. Für jeden der drei Verhaltensbereiche (s. o.) haben sie eine Stufung (Taxonomie) entwickelt, die beim Formulieren von Lernzielen hilfreich ist.

Zu den Formulierungsaspekten im Einzelnen:

Formulierungsaspekt „Genauigkeit"	
Unterscheidung	**Beispiel**
Richtziele sind auf dem höchsten Abstraktionsniveau, also sehr vage formuliert. Diese Vagheit ist Stärke und Schwäche zugleich. Stärke, weil sie einen konsensfähigen Rahmen, eine Richtung angeben; Schwäche, weil sie zu viele inhaltliche Konkretisierungen zulassen.	Den eigenen Haushalt unter Berücksichtigung von Umweltschutz und Energieeinsparung führen können.
Grobziele sind auf mittlerem Abstraktionsniveau formuliert; sie schließen eine große Reihe von alternativen Konkretisierungen aus.	Haushaltsgeräte und Entsorgungsverfahren im Hinblick auf ihre Energieeinsparung und Umweltverträglichkeit beurteilen können.
Feinziele besitzen den höchsten Präzisionsgrad. Sie sollten „operationalisiert" sein (s. o.).	Werbeanzeigen für Kühlgeräte hinsichtlich Stromverbrauch und Kühlmittel vergleichen und eine Kaufempfehlung formulieren.

Die in Lernzielformulierungen genannten Verhaltensweisen können in verschiedenen Verhaltensdimensionen zusammengefasst werden. Schon Paul HEIMANN hat in seinem Konzept die „Lern-Intentionen" nach folgenden Möglichkeitsklassen aufgegliedert:

- kognitiv-aktive (Kenntnisse, Erkenntnisse, Überzeugungen);
- affektiv-pathische (Anmutungen, Erlebnisse, Gesinnungen);
- pragmatisch-dynamische (Fähigkeiten, Fertigkeiten, Gewohnheiten).

(HEIMANN, 1962, S. 155 f.)

Diese Dreiteilung erinnert an PESTALOZZIS Beschreibung eines ganzheitlichen Lernens mit Kopf, Herz und Hand. Auch die in der folgenden Tabelle zusammengestellten amerikanischen Taxonomien beziehen sich auf diese drei Bereiche.

Formulierungsaspekte „Verhaltensbereich" und „Schwierigkeitsgrad"	
Unterscheidung: „Bereich"	**Unterscheidung: „Schwierigkeitsgrad"**
Kognitiver Bereich (Bloom u. a. 1956) Lernziele im kognitiven Bereich (beziehen sich auf intellektuelle Fähigkeiten wie Denken, Wissen, Problemlösen) Hierarchisierung nach dem Grad der Komplexität	■ **Kenntnisse** (die Fähigkeit, Fakten, Begriffe, Theorien, Konventionen usw. reproduzieren zu können) *Beispiel:* *Die Schüler können sagen, dass Celsius ein schwedischer Astronom war, in der 1. Hälfte des 18. Jh. gelebt hat und den Grundgedanken der heute gültigen Fixpunktfestlegung äußerte.*
	■ **Verständnis** (die Fähigkeit, Kenntnisse übertragen, interpretieren, anwenden, analysieren, planen usw. zu können) *Beispiel:* *Die Schüler weisen die Merkmale der Kurzgeschichte an einem weiteren Kurzprosatext nach.*
	■ **Beurteilung** (die Fähigkeit, Sachverhalte nach eigenen Kriterien beurteilen, bewerten zu können) *Beispiel:* *Die Schüler prüfen den Aufbau der Argumentation in einer politischen Rede auf ihre Widerspruchsfreiheit und Wirksamkeit.*
Affektiver Bereich Krathwohl, Bloom, Masia 1964) Lernziele im affektiven Bereich (beziehen sich auf die Verinnerlichung von Werthaltungen, Einstellungen, Interessen usw.) Hierarchisierung nach dem Grad der Verinnerlichung (Internalisierung)	■ **Aufnehmen** (die Sensibilität, bestimmte Phänomene überhaupt wahrzunehmen) *Beispiel:* *Durch eine Statistik über das erhöhte Krebsrisiko von Rauchern werden die Schüler auf die Gefahren des Rauchens aufmerksam.*
	■ **Reagieren** (das bewusste Wahrnehmen eines Phänomens, einer Sache wird aktiv Aufmerksamkeit geschenkt) *Beispiel:* *Die Schüler schränken ihren Zigarettenkonsum aus eigenem Antrieb ein.*
	■ **Werten** (die Annahme von Werthaltungen, die Bevorzugung bestimmter Werte bis hin zur Ausbildung von Überzeugungen) *Beispiel:* *Die Schüler haben den Wunsch, das Rauchen aufzugeben und auch Freunde davon zu überzeugen.*

Psychomotorischer Bereich (DAVE 1968) Lernziele im psychomotorischen Bereich beziehen sich auf motorische und manipulative Fertigkeiten Hierarchisierung nach dem Grad der Koordination	■ **Imitation** (eine beobachtete Handlung wird zunächst in nicht-beobachteter Weise nachgeahmt, später erfolgt die offene, beobachtbare Wiederholung der Handlung) *Beispiel:* *Die Schüler übernehmen den Rhythmus des vom Lehrer vorgegebenen Klatschens in ihr eigenes Klatschen.*
	■ **Manipulation** (Befolgen von Anweisungen, Ausführungen selektiver Handlungen und Festigung des Handlungsablaufs mit fortschreitender Übung) *Beispiel:* *Auf verbale Aufforderung des Lehrers hin klatschen die Schüler den Walzerrhythmus.*
	■ **Präzision** (die Beherrschung der Handlung erreicht ein höheres Niveau der Verfeinerung; die Ausführung der Handlung bedarf keines reproduzierbaren äußeren Modells mehr) *Beispiel:* *Die Schüler führen aus dem Stand die Bodenrolle als flüssigen Bewegungsablauf auf der Matte aus.*
	■ **Gliederung** (Handlungen werden zu Handlungsabfolgen, Bewegungsabläufen koordiniert) *Beispiel:* *Die Schüler führen aus dem Lauf eine Bodenrolle mit anschließendem Schlusssprung aus.*
	■ **Naturalisierung** (höchster Grad der Beherrschung von Handlungsabläufen mit dem geringstmöglichen Aufwand psychischer Energie) *Beispiel:* *Die Mitglieder des Schulchores verwenden beim Singen automatisch die Zwerchfellatmung.*

Schlussfolgerungen für die Unterrichtsplanung:

1. Lernzielbestimmungen sind in Rahmenrichtlinien, Lehrplänen, Arbeitsplänen, Schulbüchern einschließlich der Begleitmaterialien für die Hand des Lehrers, pädagogisch-didaktischer Fachliteratur, Unterrichtsmodellen und -anregungen in Fachzeitschriften enthalten. Zu ihrer kritischen Lektüre und möglichen Umsetzung sind die obigen Kenntnisse nützlich.

2. In den eben genannten Quellen sind Zielangaben überwiegend auf dem Abstraktionsniveau von Richt- und Grobzielen gemacht. Bei der Planung einer Unterrichtseinheit formulieren Sie eher Grob- und Feinziele.

3. Wenn es um die Konzipierung einer Unterrichtsstunde geht, werden Sie stärker die Schritte des Lernprozesses Ihrer Schüler im Blick haben und über eine Reihe von Teilzielen Ihr Stundenziel ansteuern. Dazu mehr im Abschnitt „Methoden“.

4. Die Einteilung der Lernziele nach den Dimensionen kognitiv, psycho-motorisch, affektiv ist eine theoretische. Im allgemeinen Handeln der Menschen wie im schulischen Lehren und Lernen sind stets Kopf, Hand und Herz beteiligt, allerdings in jeweils unterschiedlichem Verhältnis. Die Zuordnung zu einem Bereich ist also nur als Schwerpunktsetzung zu betrachten; dabei sollten Sie prüfen, ob Sie, möglicherweise von der universitären Fachwissenschaft geprägt, eine „Schlagseite“ in die eine oder andere Dimension entwickeln.

5. Viele Lernziele sind langfristiger angestrebt, z. B. die affektiven, und können so über eine Stunde, eine Lerneinheit, vielleicht auch ein Schuljahr hinausreichen.

6. Eine noch so präzise Lernzielformulierung stellt keine hinreichende Begründung für den Inhalts- oder Verhaltensteil dar. Den Legitimationszusammenhang müssen Sie aus der Interdependenz der Bedingungs- und Entscheidungsmomente selbst herausarbeiten.

7. Beteiligen Sie Ihre Schüler an der Entwicklung der Zielsetzung und greifen Sie auch auf projekt- und handlungsorientierte Unterrichtskonzeptionen zurück. Nur wenn Lehrende und Lernende eine *gemeinsame* Zielorientierung haben, wird der Unterricht für alle Beteiligten befriedigend und erfolgreich.

Abschließender TIPP:

Wichtig ist, dass Sie und Ihre Schüler das Ziel kennen. Ab- und Umwege sind durchaus normal, denn Planung heißt nicht – wie Walter GROPIUS es einmal ausdrückte – sich festlegen, sondern Möglichkeiten offenhalten.

Inhalte

„Gewinnt der Gegenstand nicht das Interesse des Schülers, so entstehn üble Folgen, welche sich im Kreise drehen.“ (HERBART)

Vielleicht sind Sie selbst im Verlauf Ihrer 13-jährigen Schulzeit Opfer eines solchen Zirkels geworden. Es gab Unterrichtsfächer und -inhalte, für die Sie nur wenig Interesse aufbringen konnten, andere, für die Sie sich kontinuierlich engagierten. Sicher hatten Sie auch Interessen, die im schulischen Lehrplan überhaupt nicht vorkamen. Möglicherweise ist Ihre Entscheidung für bestimmte Studienfächer ebenfalls langfristig entwickelten Interessenschwerpunkten geschuldet.

Kurz, wenn Sie im Rahmen des Praktikums eine kleine Unterrichtseinheit (wir empfehlen zwischen 4–8 Stunden) entwickeln, so haben Sie in diesem Fach Ihre *Schüler*erfahrung, Sie haben *Studien*erfahrungen in der entsprechenden Fachwissenschaft und Fachdidaktik und Sie haben aktuelle *Hospitations*-erfahrungen in der Lerngruppe, für die Sie planen. Ihre Entscheidung für Thematik und Gliederung der Unterrichtseinheit wird sich in den Gesprächen mit dem Mentor, aus seinem Arbeitsplan, aus dem vorangegangenen Unterricht, aus Schülerinteressen und Ihren persönlichen Neigungen herauskristallisieren. Als weitere Quellen der Inhaltsauswahl sollten Sie berücksichtigen:

- die staatlichen Vorgaben in Form von Lehr- und Stoffplänen oder Rahmenrichtlinien,
- Schulbücher, die den Rang von Leitmedien haben und den Unterricht kontinuierlich begleiten(z. B. die Lehrwerke für die Fremdsprachen, das Physikbuch, Aufgabensammlungen o. Ä.),
- Anregungen aus der fachdidaktischen Literatur.

Zielsetzung, Auswahl, Begründung, Anordnung, Transformation und Vermittlung schulfachlicher Inhalte sind zentrale Aufgabenfelder der wissenschaftlichen Fachdidaktiken. Die allgemeine Didaktik, auf die sich auch unser Leitfaden zu den schulpraktischen Studien bezieht, kann fachspezifische Aspekte nicht berücksichtigen. Ihre Aussagen müssen deshalb „inhaltsneutral" bleiben und haben einen höheren Grad von Abstraktheit. Das schließt aber nicht aus, dass allgemeindidaktische Modelle auch Kriterien, Prinzipien, Methoden zur Bestimmung und Legitimierung von Unterrichtsinhalten entwickeln.

Einige dieser Vorschläge haben wir nachstehend aufgelistet.

MÖLLER (1969)	■ Ist der Inhalt für ein **bestimmtes Wissensgebiet bedeutsam**? ■ Hat sich der Inhalt schon **seit alters her bewährt**? ■ Ist der Inhalt **nützlich**? ■ Ist der Inhalt für die Lernenden **interessant**?
ROBINSOHN (1967)	■ Hat der Gegenstand eine herausragende **Bedeutung im Gefüge der Wissenschaft**? (Ist er somit auch Voraussetzung für ein Studium oder eine weitere Ausbildung?) ■ Leistet der Inhalt Wesentliches für das **Weltverstehen** (d. h. für die Orientierung innerhalb einer bestimmten Kultur für die Interpretation ihrer verschiedenen Erscheinungen)? ■ Hat der Inhalt eine wichtige Bedeutung für spezifische **Verwendungssituationen** des privaten oder öffentlichen Lebens?
KLAFKI (1962)	■ Welchen größeren bzw. **allgemeineren Sinn- oder Sachzusammenhang** erschließt der Inhalt? ■ Welche Bedeutung hat der Inhalt für die **Gegenwart** der Schüler? ■ Worin liegt die Bedeutung des Inhalts für die **Zukunft** der Schüler?

Vielleicht ist Ihnen aufgefallen, dass verschiedene Wörter synonym für die inhaltliche Dimension des Unterrichts verwendet werden: Stoff, Thema, Gegenstand, Sache, Inhalt. Sogar beim gleichen Autor tauchen verschiedene Bezeichnungen auf. Sache, Gegenstand, Inhalt, Thema bei KLAFKI (1958); Gegenstand, Bildungsinhalt bei KRAMP (1962); Inhalt, Gegenstand, Thema bei SCHULZ (1965). MEYER (1987) arbeitet mit den Begriffen „Unterrichtsthema“ und „Unterrichtsinhalt“ und definiert sie so:
„*Das Thema einer Stunde wird gestellt*, und zwar meistens vom Lehrer und nur selten durch die Schüler.
Der Inhalt einer Stunde wird erarbeitet, und zwar grundsätzlich sowohl vom Lehrer wie auch von den Schülern.“ (MEYER 1987, I, S. 82)
Die Konstituierung des Inhalts durch Lehrende und Lernende im Prozess des Unterrichts (vgl. KLINGBERG 1995, S. 104) scheint uns eine überzeugende Betrachtungsweise, weil sie den Schüler als Subjekt des Lernprozesses ernst nimmt. Wenn Sie dies bei der Auswahl der Themen berücksichtigen wollen, müssen Sie eine doppelte Perspektive einnehmen, die auf den Gegenstand und die auf den Schüler.
In Bezug auf den Gegenstand aktivieren Sie Ihre fach*wissenschaftliche* Kompetenz (**Sachanalyse** als Herausarbeitung der sachlogischen Momente), in Bezug auf den Schüler Ihre fach*didaktische* Kompetenz (**Didaktische Analyse** als Untersuchung pädagogisch-psychologischer Momente).

Der **Sachanalyse** können folgende Leitfragen (zum Teil KLAFKI 1958) dienen:

- Welche **Bedeutung** hat der Gegenstand **in der Fachwissenschaft**?
- Welches **Teilgebiet** vertritt er?
- Hat der Gegenstand verschiedene **Sinn-/Bedeutungsschichten**?
- Wie ist sein **Komplexitätsgrad** (Element, Klasse, System, Begriff, Form, Problem, Prinzip, Gesetz, Technik, Methode)?
- Wofür ist er **repräsentativ bzw. exemplarisch**, welche **Transfermöglichkeiten** bietet er?
- Welche **Fachinhalte** müssen vorausgehen, welche folgen?
- Welche **fachlichen Schwierigkeiten** und Probleme sind mit dem Thema verknüpft?

Eine **didaktische Analyse** kann durch die folgenden Fragen (zum Teil KLAFKI 1958) entfaltet werden:

- Wie erscheint der Inhalt in **Rahmenrichtlinien**, Lehrplänen, Schulbüchern und fachdidaktischer Literatur?
- Welche Bedeutung hat der Inhalt zur Zeit im Bewusstsein der Schüler (**Gegenwartsbedeutung**)?
- Welche diesbezüglichen **Vorkenntnisse** haben die Schüler?
- Worin liegt die Bedeutung des Themas für die Zukunft der Schüler innerhalb und außerhalb der Schullaufbahn (**Zukunftsbedeutung**)?

- Hat das Thema neben seiner fachlichen **Exemplarität** (s. o.) auch eine unterrichtliche Exemplarität?
- Welche **Transfermöglichkeiten** innerhalb des Fachunterrichts und welche **fächerübergreifenden Verknüpfungsmöglichkeiten** bietet das Thema?
- Können aus der Struktur des Stoffgebiets Schrittfolgen oder **Anregungen für die Strukturierung des Lehr- und Lernprozesses** gewonnen werden?
- Welche **Lernschwierigkeiten** bietet der Gegenstand, welche **Lernhilfen** sind bereitzustellen?
- Welche **inhaltlichen Schwerpunkte** sollen gesetzt werden?
- Welches **Mindestwissen**, welche Qualifikation sollte als Ergebnis der Auseinandersetzung mit dem Gegenstand vorhanden sein?
- Sind diese **Ergebnisse überprüfbar**?

Die Summe dieser Überlegungen und die Schlussfolgerungen daraus finden sich in der Formulierung und Begründung von **Lehr-, Lern- und Unterrichtszielen** wieder.
Didaktisch analysieren heißt, den Stoff in den Verstehens- und in den Motivationshorizont des Schülers zu bringen. Es heißt, den Stoff anhand bestimmter **Kriterien** auszuwählen und zu modifizieren. Diese Kriterien lassen sich den zwei bereits eingangs erwähnten Ebenen zuordnen; einer **Bedingungs-** und einer **Entscheidungsebene**.

Zur **Bedingungsebene** gehören

- Die **„Lernstruktur“** (Was ist verstehbar?) (lernpsychologisch)
- Die **Zeit** (Wie viel ist vermittelbar?) (zeitlich)
- Die **institutionellen Vorgaben** (Was verlangen sie?) (institutionell)

Zur **Entscheidungsebene** gehören:

- Die **„Lehrstruktur“** (Was will ich?) (qualitativ)
- Das **Anspruchsniveau** (Was ist subjektiv notwendig?)

Man kann grundsätzlich **zwei Analyse-/Reduktionsverfahren** unterscheiden: (a) das quantitative und (b) das qualitative. Bei der quantitativen Reduktion geht es um eine Reduktion der Komplexität der Inhalte (im Kern also um eine Reduzierung der Stoffmenge), bei der qualitativen Reduktion um eine Reduktion der Kompliziertheit der Inhalte (im Kern um eine den intellektuellen und motivationalen Voraussetzungen der Schüler angemessene Aufbereitung des Stoffs).

Methoden

So wie es zum Wesen jedes Unterrichts gehört, absichtsvoll und zielbezogen zu sein, gehört zu ihm auch, dass er methodisch ist, Methode hat. Die methodische Gestaltung des Unterrichtsprozesses bezieht sich auf die sinnvolle Abfolge von Unterrichtsschritten, in denen sich die auf den Inhalt und das Stundenziel bzw. das Ziel der Unterrichtseinheit gerichtete Lehr- und Lerntä-

Der Unterrichts

konstituiert sich in konkreten,

Handlungs

entfalten sich in drei Dimensionen, die untereinander und zur

Sozialformen

- Frontalunterricht (Klassenunterricht)
- Gruppenunterricht (Abteilungsunterricht)
- Partnerarbeit
- Einzelarbeit (Stillarbeit)

regeln die *Beziehungsstruktur* des Unterrichts durch die

äußere Seite:
die **Raumstruktur** des Unterrichts:

- frontal, kreisförmig, „gruppig"
- alters-, geschlechts-, leistungsspezifisch
- themen-, fachspezifisch
- fächerübergreifend

usw.

innere Seite:
die **Kommunikationsstruktur** d. Unterrichts:

- hierarchisch/symmetrisch
- lehrer-/schülerzentriert
- sachbezogen, diszipliniert
- anarchisch, spontan
- angepasst, aufmüpfig

usw.

Diese Beziehungsstrukturen verfestigen sich zu

Handlungs

- Lehrervortrag
- Schülerreferat
- Unterrichtsgespräch
- Tafelarbeit

regeln die *Handlungs-*
durch die

äußere Seite:
die **Inszenierung** von Wirklichkeit:

- reden, zuhören
- lesen, schreiben, rechnen
- spielen, musizieren, zeichnen
- experimentieren, produzieren
- schweigen

usw.

Diese Handlungsstruk

Differenzierungs- und Integrationsformen

(Jahrgangsklassen, Arbeitsgemeinschaften, Kurse/Lehrgänge, Ad-hoc-Gruppen, Großgruppen usw.)

Methodische

(Lehrgang, Kurs, Lektion, Projekt, Vorhaben,

Strukturmodell methodischen Handelns nach Meyer (1987, I, S. 236)

prozess

sinnlich-anschaulich erlebten und gestalteten

situationen

Ziel- und Inhaltsdimension in Wechselwirkung stehen

muster

- Experiment
- Rollenspiel
- Erkundungsgang
- usw.

struktur des Unterrichts

innere Seite:
den Aufbau von **Handlungskompetenzen**:

- interpretieren, vergleichen
- Hypothesen bilden
- sich identifizieren
- problematisieren
- bluffen und offenlegen

usw.

turen verfestigen sich zu

Unterrichtsschritte

- Einstieg/Hinführung/Einleitung/Aneignung
- Übung/Anwendung/Kontrolle
- Erarbeitung/Verarbeitung/Vertiefung
- usw.

Regeln die *Prozessstruktur* des Unterrichts durch die

äußere Seite:
den **zeitlichen Ablauf** des Unterrichts:

- groß- oder kleinschrittig
- regel- oder unregelmäßig
- geruhsam/hektisch
- kontinuierlich/unterbrochen

usw.

innere Seite:
die Folgerichtigkeit des **methodischen Ganges:**

- deduktiv/induktiv
- kreisend/spiralförmig
- analytisch/synthetisch
- ganzheitlich/elementenhaft

usw.

Diese Prozessstrukturen werden weiterentwickelt zu fachdidaktischen oder individuellen

Großformen

Trainingsprogramm, Workshop usw.)

Verlaufsformen

(fachspezifische bzw. individuelle „Strickmuster" der Unterrichtsgliederung) tigkeit von Lehrer und Schülern entfaltet. Die Methode hat also einen Ziel-, einen Inhalts- und einen Personenbezug. Daraus folgt, dass es nicht eine einzige Methode gibt, sondern eine Methodenentscheidung auf das jeweilige Ziel, den speziellen Inhalt und die Möglichkeiten der beteiligten Personen abgestimmt sein muss. Auch in den einzelnen Unterrichtsfächern begegnen uns höchst unterschiedliche Methoden oder Methodenkonzeptionen (z. B. die direkte Methode im Fremdsprachenunterricht, das Experiment in den naturwissenschaftlichen Fächern).

Was sind Lehr- und Lernmethoden?

Es gibt in der deutschen pädagogischen Literatur zahlreiche Begriffe, das „Wie" des Unterrichtens zu benennen: Lehrweisen, Unterrichtsformen, Lehrmethoden. Lehrtechniken usw. (vgl. MEYER 1987, I, S. 45 f.). Ebenso zahlreich sind die Systematisierungsversuche der Lehr- und Lernmethoden.
Wir erachten die Klassifikation von Hilbert MEYER (die in Teilen auf den Arbeiten von Lothar KLINGBERG basiert) für theoretisch plausibel und praktisch nützlich. Seine Betrachtung des Unterrichtsprozesses aus unterrichts*methodischer* Sicht haben wir auf den Seiten 62/63 dargestellt. MEYER (1987, I, S. 236) zufolge entfaltet sich Unterricht in konkreten, sinnlich-anschaulich erlebten und gestalteten **Handlungssituationen**. Diese Handlungssituationen entfalten sich ihrerseits in drei, die Unterrichts**methodik** bestimmenden Dimensionen, die untereinander und selbstverständlich auch mit den Zielen und Inhalten des Unterrichts in Wechselwirkung stehen. Um folgende Dimensionen geht es dabei im Einzelnen:

- die **Sozialformen**
- die **Handlungsmuster**
- die **Unterrichtsschritte**

Jede dieser Dimensionen hat – wie Lothar KLINGBERG (im Rückgriff auf DIESTERWEG) dies bezeichnet – eine **äußere** und eine **innere Seite**.

Die **äußere** Seite beschreibt jene Elemente, die für den Beobachter von Unterricht *sinnlich* und in der Regel *unmittelbar* wahrnehmbar sind (z. B. die Raumstruktur des Unterrichts, die wahrnehmbaren Schülertätigkeiten, den zeitlichen Ablauf des Unterrichts).

Die **innere** Seite beschreibt hingegen jene Elemente, die sich dem Beobachter *nicht unmittelbar*, nicht über die bloße Anschauung erschließen, sondern nur *vermittelt* bzw. nur durch die Brille der fachwissenschaftlichen und (fach-)didaktischen analytischen Kompetenz wahrzunehmen sind (z. B. die Kommunikationsstruktur des Unterrichts, das kognitive, sich der unmittelbaren Wahrnehmung entziehende Handeln der Schüler, die lernpsychologische Charakterisierung der Prozessstruktur des Unterrichts).
Schließlich ist noch eine weitere Dimension zu bedenken, die zwar in MEYERS

Buch, nicht aber in seiner Klassifikation berücksichtigt wird, der aber von KLINGBERG unseres Erachtens berechtigt breiter Raum geboten wird:

- den **Unterrichtsprinzipien**

Zu den methodischen Dimensionen im Einzelnen.

Sozialformen

Unter Sozialform ist die Art und Weise zu verstehen, wie die kommunikativen Beziehungen zwischen den am Unterricht Beteiligten untereinander organisiert sind. Erinnern wir uns an das erwähnte didaktische Dreieck, so geraten nur drei „Akteure" ins Blickfeld: „der Schüler", „der Lehrer" und „der Lerninhalt". Unter unterrichtsmethodischem Aspekt muss dieses Dreieck allerdings ergänzt werden. Aus der *abstrakten* Perspektive des Unterrichts ist der „Schüler" immer nur der ideelle Gesamtschüler und der „Lehrer" ebenfalls nur der ideelle Gesamtlehrer. Aus der *konkreten* Perspektive des Unterrichts hingegen gibt es nur den konkreten Schüler und seine Mitschüler, den konkreten Lehrer und seine Kolleginnen. Die Beziehungen zwischen den am Unterricht Beteiligten wären demnach zu definieren als Beziehungen zwischen:

- Lehrer - Lehrer-Kollege - Schüler–Mitschülerin - Lerninhalt

Diese Beziehungen lassen sich grob in fünf Sozialformen abbilden. Die Begriffe für die Bezeichnung dieser Sozialformen haben sich - mit Ausnahme des fünften - in der einschlägigen Literatur etabliert:

Sozialform	Beziehung
Plenumsunterricht	SCHULZ (1996, S. 154 ff.) unterscheidet: ■ **Frontalunterricht:** Der Lehrer dominiert, fast alle Aktivitäten gehen von ihm aus, die Schüler sind weitgehend rezeptiv. ■ **Gesprächskreis:** Alle - Schüler und Lehrer - können in gleicher Weise etwas zur Sache beitragen. Der Gesprächskreis lädt ein zum Erfahrungsaustausch. ■ **Gesprächshalbkreis:** Der Gesprächskreis wird zum Halbkreis, wenn die Tafel als Medium, um z. B. Diskussionsergebnisse festzuhalten, einbezogen ist.
Kleingruppenarbeit	Die Schüler dominieren, eignen sich den Stoff weitgehend selbsttätig an, der Lehrer spielt - wenn überhaupt - höchstens die Rolle eines Moderators.
Partnerarbeit	Zwei Schülerinnen eignen sich den Stoff weitgehend selbsttätig an bzw. kommunizieren ihn selbsttätig.
Einzelarbeit	Der Schüler arbeitet allein, setzt sich mit dem Stoff, seiner Aufgabe zumeist in Stillarbeit auseinander.
Team-Teaching	Zwei oder mehrere Lehrer interagieren mit den Schülern.

Eine Sozialform ist nicht an sich gut oder schlecht, sondern sie ist immer nur mehr oder weniger angemessen. Den Maßstab – und auch hier können Sie wieder sehr deutlich die Einbettung eines Planungselements in den Gesamtzusammenhang des Planungsprozesses erkennen – kann sowohl der „Lernstand“ der Schüler, als auch die Lernziele der Lehrerin oder auch die spezifische Struktur des Lerninhalts bilden.
Frontalunterricht muss nicht immer heißen, dass der Lehrer dominiert, sondern kann auch (und vor allem im Unterricht der Oberstufe) heißen, dass ein Schüler ein Referat hält. Deshalb ist es vernünftiger wie Wolfgang SCHULZ (1996) von Plenumsunterricht (das ist die gesamte Klasse oder Kursgruppe) zu sprechen, der als Frontalunterricht, als Gesprächskreis oder als um die Tafel versammelter Gesprächshalbkreis organisiert ist. *Kleingruppenarbeit* ist also nicht grundsätzlich gut, sondern sie ist angemessen, wenn es zum Beispiel darum geht, soziale Kompetenzen auszubilden, eine Vielzahl möglicher Lösungen für eine Aufgabe zu finden. Sie ist hingegen weniger angemessen, wenn es gilt, eine psychomotorische Fertigkeit zu erlernen. *Partnerarbeit* kann aus zeitökonomischen und sozialpsychologischen Gründen effektiver sein als Kleingruppenarbeit. *Einzelarbeit* ist sinnvoll, wenn es darum geht, ein subjektives Erleben, die individuelle Beurteilung eines Sachverhalts zu fördern. Einzelarbeit ist unumgänglich, wenn es gilt, den Leistungsstand eines Schülers in einem bestimmten Fach zu beurteilen. Für die Förderung kommunikativer Fähigkeiten ist sie hingegen kaum geeignet. *Team-Teaching* ist leider immer noch die Ausnahme und deshalb kann über seine Vor- und Nachteile nur spekuliert werden.

Handlungsmuster

Unter Handlungsmustern (der Begriff geht in seiner ursprünglichen Bedeutung auf KLINGBERG 1974, S. 280 zurück) versteht Hilbert MEYER „historisch gewachsene, von Lehrern und Schülern mehr oder weniger fest verinnerlichte Formen der Aneignung von Wirklichkeit. Sie haben einen bestimmten Anfang und ein bestimmtes Ende.“ (MEYER 1987, I, S. 127) Solche Handlungsmuster – wie zum Beispiel das Rollenspiel, der Lehrervortrag, das Lehrgespräch, das Schülerreferat – vergleicht MEYER mit einem Drehbuch: „Die Realisierung bestimmter Handlungsmuster im Unterricht ist dann jeweils eine der beliebig oft wiederholbaren Ausführungen der Inszenierung.“ (ebd.) Paul HEIMANN und Wolfgang SCHULZ nennen dies **„Aktionsformen“**, später verwendet SCHULZ den Begriff „Aktionsweisen“; wir wollen aber im folgenden bei dem Begriff „Handlungsmuster“ bleiben.
Welche Handlungsmuster es gibt, zeigt die nachstehende Übersicht, in der nur die gebräuchlichsten erwähnt sind. Es gibt darüber hinaus freilich eine Vielzahl weiterer Handlungsmuster, die aber leider nur selten oder überhaupt nicht im Unterricht verwendet werden (vgl. zusammenfassend und exemplarisch STARY/KRETSCHMER 1994, S. 131 ff.)

Sozialform	Handlungsmuster
Überwiegend darbietend	■ Lehrervortrag ■ Lehrerdemonstration
Überwiegend gemeinsam erarbeitend	■ Lehrgespräch ■ Lehrer-/Schüler-Demonstration ■ Fragend-entwickelndes Unterrichtsgespräch (mit den Zielen, entweder den Gesprächsverlauf zu lenken, inhaltlich zu akzentuieren oder die Schüler zu bestimmten Tätigkeiten aufzufordern) ■ Diskussion
Überwiegend Schülerselbsttätigkeit	■ Schülerreferat ■ Experiment ■ Übung

Unsere Aufstellung lässt erkennen, dass bei den Handlungs- und Inszenierungsmustern der Lehrer eine zentrale Rolle spielt. Langfristiges Ziel methodischer Arbeit muss es aber werden, die methodische Kompetenz der Schülerinnen zu entwickeln. „Es gibt keine einzige Unterrichtsmethode auf der Welt, die nicht auch von Schülerinnen beherrscht werden könnte.“ (MEYER 1997 II, S. 161)

Zur Vertiefung empfehlen wir Ihnen die Bücher von KLIPPERT (1996), MEYER (1997) und TERHART (1989).

Unterrichtsschritte

Wie das gesamte Schulleben so läuft auch der Unterricht in der Zeit ab. Die Schulzeit als biographisches Element, das Schuljahr mit seinem Wechsel von Ferien und Schulabschnitten, die Schulwoche mit ihrer Stundenplangliederung, schließlich der Schultag und seine Zeitstruktur. Alle diese Abschnitte sind zeitlich getaktet. Dieser objektive Zeittakt ist gleichgültig gegenüber subjektiven individuellen Bedürfnissen. Ob jeder Schüler gerade eine Pause benötigt, ob die Klingel ein spannendes Unterrichtsgespräch beendet, das schulische Metronom geht darüber hinweg.

Im Gegensatz zum zeitlich durchgetakteten Schulleben steht die subjektive Wahrnehmung von Zeit, das individuelle Zeitempfinden. Die 45 Minuten einer Stunde können wie im Fluge vergehen, ein langweiliger Unterricht kann wie eine Ewigkeit wirken. Nicht nur die Schüler haben ein unterschiedliches Zeiterleben, dies gilt auch für die Lehrkräfte. Es kann sich endlos hinziehen, bis die Schüler das Tafelbild abgeschrieben haben; die Stunde kann so schnell vergangen sein, dass ich die Hausaufgabe wieder erst nach dem Klingeln gestellt habe.

Die Spannung zwischen der chronometrischen und der individuell empfundenen Zeit ist nicht aufzuheben, auch nicht in Reformkonzeptionen von Schule und Unterricht, die auf Stundenpläne und allgemeinverbindliche Regelungen von Lern-/Arbeits- und Ruhephasen verzichten. Zeit ist ein nicht beliebig vermehrbares Gut, deshalb muss ökonomisch mit ihr umgegangen werden. „Die Lernzeit des Schülers, beachtlicher Teil seiner Lebenszeit, muss sorgsam genützt werden.“ (Glöckel 1992, S. 299) Diesem Ziel dient eine zeitlich und inhaltlich bestimmte Gliederung von Unterrichtseinheit und Unterrichtsstunde. Das Maß der Unterrichtseinheit ist die Unterrichtsstunde à 45 Minuten, in vielen Gesamtschulen à 40 Minuten, meist im Doppelpack als 80-Minuten-Einheit ohne Pause. Je nach Schulart, Fach und Alter der Schüler umfassen Unterrichtseinheiten 2–12 Stunden (= ca. 1–4 Wochen).
Im Blick auf die Zeitstruktur, Hilbert Meyer spricht von Zeitachse (Meyer 1987, II, S. 96), hat jede Unterrichtseinheit und jede Unterrichtsstunde einen Anfang und ein Ende sowie die Zeit dazwischen. Damit ergibt sich, ähnlich wie im Aufsatz, eine Gliederung in: Einleitung – Hauptteil – Schluss. Und ähnlich wie im Aufsatz gilt auch für die Unterrichtsstunde: Halte dich nicht zu lange mit der Einleitung auf, schaffe Interesse und Neugier auf das, was kommt. Der Hauptteil sollte dem Prinzip von Spannung und Entspannung folgen, und der Schluss sollte eine Pointe, ein Resümee, einen Ausblick enthalten. Oder als ironische Variante: Am Anfang sage ich, was ich sagen werde, im Hauptteil sage ich es, am Schluss sage ich, was ich gesagt habe.
Wenn Sie von den 45 Minuten einer Unterrichtsstunde 5 Minuten dem Anfang und 5 Minuten dem Abschluss widmen, bleiben immer noch 35 Minuten, die zu gliedern sind. Für diese Gliederung werden unterschiedliche Begriffe verwendet, deren Metaphorik auf ein bestimmtes Vorverständnis von Unterricht schließen lässt.

Unterrichts**schritte**	→ → →	= lineares Nacheinander
Unterrichts**glieder**	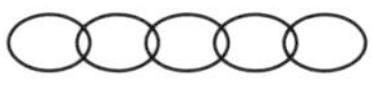	= sinnvolle Verkettung einzelner in sich stimmiger Teile
Unterrichts**stufen**		= Aufstieg von einer Basis zu einem höheren Punkt
Unterrichts**phasen**	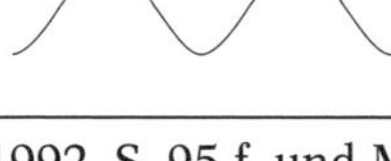	= rhythmischer Wechsel von Spannung, Entspannung o. Ä.

(vgl. hierzu Glöckel 1992, S. 95 f. und Meyer 1987, II, S. 105 f.)

Die Frage nach der Gliederung (auch Artikulation) des Unterrichtsprozesses ist in der Geschichte der Unterrichtstheorie immer wieder aufgegriffen worden. Sie stellt sich dar als das Problem, im Zeitablauf die sachlogische Struktur des Inhalts mit der psychologischen Struktur des Lernenden in einem methodischen Gang (also unter Berücksichtigung didaktischer Prinzipien) zu verknüpfen. Eine der ältesten Phaseneinteilungen dürfte Johann Friedrich HERBARTS „Pädagogischer Takt“, der Wechsel zwischen „Vertiefung“ und „Besinnung“ sein. Die von seinen Schülern ausgebaute „Formalstufen-Lehre“ folgte keinen inhaltlichen, sondern nur formalen Gliederungskriterien und sollte deshalb für jeden Unterricht gültig sein, völlig unabhängig von der Frage, welcher Unterrichtsinhalt zu vermitteln ist.
Der Glaube an die organisierende Kraft eines Gliederungsprinzips, wie er die Unterrichtslehren des 19. Jahrhunderts bestimmte, ist gegenwärtig überwunden. Der Aufbau einer Stunde muss heute die jeweiligen Bedingungen, die Lernenden und den Gegenstand angemessen berücksichtigen und kennt deshalb sehr unterschiedliche Ausprägungen. Ausgehend von der eingangs erwähnten Dreiteilung in Einleitung, Hauptteil und Schluss haben wir in der folgenden Tabelle die zur Zeit *weit verbreiteten Phasenbezeichnungen* zusammengestellt:

(Einleitung) **Phase 1**	**(Hauptteil)** **Phase 2**	**(Schluss)** **Phase 3**
Zum Beispiel: ■ die Hinführung ■ die Motivation ■ der Einstieg ■ die Problematisierung ■ die Anschauung ■ die Einführung ■ die Zielangabe ■ die Stoffvermittlung	Zum Beispiel: ■ die geistige Verarbeitung ■ das praktische Tun ■ die Arbeitsausführung ■ die Lösungssuche ■ die Stofferschließung/ -entfaltung ■ das Einüben ■ das Vertiefen	Zum Beispiel: ■ das Besinnen ■ das Prüfen ■ das Auswerten ■ das Anwenden ■ das Übertragen ■ die Integration des Gelernten ■ die Übung ■ die Zusammenfassung

In den einzelnen Fachdidaktiken sind eigene Stufenfolgen für den Fachunterricht entwickelt worden, so im:

- *Deutschunterricht*:
  Textbegegnung – Textanalyse – Textverstehen – Textwiedergabe
- *Geschichtsunterricht*:
  Hinführung – Problembegegnung – Vergegenwärtigung – Besinnung – Sicherung
- *Englischunterricht*:
  Sprachaufnahme – Sprachverarbeitung (Einübung – Transfer) – Sprachanwendung

- *Geographieunterricht*:
  Raumbegegnung – Raumanalyse – Raumbeurteilung – Sicherung
- *Physikunterricht*:
  Problemgewinnung – Problemlösung – Problemwertung

Schon aus den Bezeichnungen wird deutlich, dass es sich bei diesen fachdidaktischen Artikulationsschemata oft nur um die Addition eines fachinhaltlichen und eines lernpsychologischen Begriffsteils handelt, also den inhaltlich geprägten Anwendungsfall eines allgemeinen Gliederungsprinzips.
Deutlich wird auch, dass die Entscheidung für eine bestimmte Phase zu einem bestimmten Zeitpunkt im Unterricht offenbar grundsätzlicheren Überlegungen entspringt. Solche Grundsätze oder didaktischen Prinzipien sollen im folgenden Abschnitt erläutert werden.

Unterrichtsprinzipien

„Didaktische Prinzipien sind allgemeine Grundsätze der inhaltlichen und organisatorisch-methodischen Gestaltung des Unterrichts, die aus den Zielen und den objektiv wirkenden Gesetzmäßigkeiten des Unterrichts abgeleitet sind.“ (KLINGBERG 1974, S. 252)

„Didaktische Prinzipien sind zusammenfassende Chiffren für die didaktisch-methodische Akzentuierung eines Unterrichtskonzepts.“ (JANK/MEYER 1991, S. 293)

GLÖCKEL (1992, S. 273 ff.) definiert „Unterrichtsgrundsätze“ bzw. „Unterrichtsprinzipien“ als „relativ allgemeine Aussagen, in knappster Form ausgedrückte Handlungsanweisungen, deren tiefere Begründung als bekannt vorausgesetzt wird und die weitreichende, nicht notwendig absolute Geltung für bestimmte Handlungsbereiche beanspruchen ...
Prinzipien sind flexibler als Regeln und weniger zwingend als Gesetze, sie fordern ein bewegliches Entscheiden gemäß der Situation. Sie erlauben die begründete Ausnahme, schließen aber die bloße Willkür aus, lassen nicht zu, dass eindeutig Falsches getan werde. Sie sind somit Voraussetzung für professionelles Urteilsvermögen und verantwortliches berufliches Handeln.“

Wolfgang SCHULZ (1996, S. 145) bestimmt Prinzipien als „akzentuierende Handlungsimperative, die nicht ohne Einschränkungen normieren können, weil sie auf korrigierende – einschränkende – Forderungen Rücksicht nehmen müssen.“

Vermutlich wissen Sie auch nach der Lektüre dieser Definitionen immer noch nicht genau, was Unterrichtsprinzipien eigentlich sind. Umfang und Inhalt des Begriffs sind zu allgemein, zu abstrakt formuliert. Damit haben wir gegen das Prinzip der *„Anschaulichkeit“* verstoßen. Versuchen wir also mit Hilfe einiger konkreter Beispiele zu veranschaulichen, worum es sich bei Unterrichtsgrundsätzen handelt.

1. Der Lehrer fragt, wie man die Intonation des Aussagesatzes in Form einer Tonkurve darstellen könnte. Die Schüler machen verschiedene Vorschläge. Der Lehrer lässt sich von einem Schüler den Kurvenverlauf genau beschreiben und malt ihn so an die Tafel. Nach dem Prinzip der *Schülerselbsttätigkeit* hätte er den betreffenden Schüler die Kurve anzeichnen lassen müssen.

2. Zum Thema „Verkehrswege in Deutschland" wird eine Deutschlandkarte ausgegeben, in der neben Großstädten und Bundesländergrenzen lediglich Wasserstraßen, Autobahnen, Eisenbahnlinien und Flugverbindungen eingezeichnet sind. Das Weglassen aller übrigen Elemente einer Landkarte entspringt dem Prinzip der *Elementarisierung*, also der Reduktion von Komplexität zum Zwecke der Lernerleichterung.

3. Am Ende einer Geschichtstunde mit dem Thema „Technische Erfindungen des 19. und 20. Jahrhunderts" werden die fünf wichtigsten Erfindungen von den Schülern auf einer Zeitleiste eingetragen. Dieses Verfahren dient der *Ergebnissicherung*, einem weiteren zentralen Unterrichtsprinzip.

Aus den Definitionen und Beispielen lässt sich zusammenfassend feststellen:

- Unterrichtsprinzipien werden zur Planung, Durchführung, Auswertung und Legitimation von Unterricht herangezogen.
- Unterrichtsprinzipien sagen, wie Unterricht sein soll und/oder wie er nicht sein soll (Normativer Charakter und Rezeptcharakter).
- Unterrichtsprinzipien sind Ausdruck didaktischer Tradition.

Der letzte Punkt ist noch nicht angesprochen worden. Wir haben unseren Rückblick auf die pädagogischen Klassiker in die folgende Tabelle eingebaut, die einen Überblick über den „Kanon" alter und neuer didaktischer Prinzipien geben soll.

Comenius	Pestalozzi	Klingberg	Glöckel
Naturgemäßheit Anschauung Fasslichkeit Elementarisierung	Naturgemäßheit Lebensnähe Individualisierung Selbsttätigkeit Anschauung	Einheit von Bildung u. Erziehung Lebensverbundenheit Planmäßigkeit und Systematik Fasslichkeit Anschaulichkeit Ergebnissicherung	Sachgemäßheit Schülergemäßheit Zielgemäßheit Anschauung Selbsttätigkeit Motivation Elementarisierung Erfolgssicherung Ökonomie Erziehender Unterricht Lebensnähe Planmäßigkeit

Aus vielen dieser Prinzipien wurden und werden didaktische Regeln abgeleitet, die für den methodischen Gang des Unterrichts leitend sein sollen. So hat beispielsweise J. A. COMENIUS zum Prinzip der Fasslichkeit folgende Lehrempfehlungen gegeben:
„Überall ist mit Wenigem, Kurzem, Einfachem, Allgemeinem, Nahem, Geregeltem anzufangen und allmählich zu Mehrerem, Ausgedehnterem, Zusammengesetzterem, Besonderem, Entfernterem, Unregelmäßigerem fortzuschreiten.“ (J. A. COMENIUS 1992, S. 251)
Trotz der etwas altertümlichen Formulierung werden Sie viele der Empfehlungen des COMENIUS in etwas modernerem Gewand als Unterrichtsrezept, Erfahrungsgrundsatz o. Ä. wiedererkennen, wenn Sie Unterricht planen, analysieren oder mit anderen über Unterricht sprechen.
In den Zusammenhang mit der Schrittfolge und den Grundsätzen des Unterrichts gehören zwei Problembereiche, auf die wir Ihre Aufmerksamkeit noch lenken möchten: Das Verhältnis von Neueinführung und Wiederholung sowie die Hausaufgaben.
Der Unterricht im Rahmen einer Stunde wie im Zusammenhang einer Sequenz ist geprägt durch den Wechsel von der Arbeit an neuen Inhalten (Erstvermittlung, Verallgemeinerung, Vertiefung) und der Arbeit an bekannten Inhalten (Wiederholung, Systematisierung, Anwendung, Übung). Der Anschluss an bekannte Inhalte und die Zielorientierung auf Neues schaffen die assoziative Verknüpfung, die für den systematischen Lernfortschritt des Schülers und sicheres Behalten (Leistungsbewertung) erforderlich sind. Nur so entsteht für die Schüler nach und nach ein netzförmiger Lernzusammenhang, in dem Neues immer besser und vielfältiger mit Altem verknüpft werden kann.
In dem „didaktischen Rhythmus ... von Neuvermittlung und Konsolidierung“ (KLINGBERG 1974, S. 246) haben auch die **Hausaufgaben** eine wichtige Funktion.
„Hausaufgaben: Von vielen Schülern widerwillig gelöst, von Eltern als Belastung empfunden, von Lehrern halbherzig gestellt und ungern korrigiert.“ Diese Zustandsbeschreibung von Hans AEBLI (1987, S. 208) gilt auch noch heute. Es müsste aber nicht so bleiben, denn Hausaufgaben als echte Alleinarbeit können einen wichtigen Beitrag zum autonomen Lernen und zur geistigen Selbständigkeit leisten. Dazu gehört allerdings, dass Hausaufgaben nicht nur die Funktion von Wiederholung, Übung und Anwendung haben, sondern in alle Phasen des Lernprozesses (also auch zur Vorbereitung, zur Stoff- und Materialsammlung, zur Entwicklung von Problemlösungen u. Ä.) integriert werden. Dies ist nur zu leisten, wenn schon in der Planungsphase langfristig Hausaufgaben konzipiert und in den methodischen Gang von Unterrichtseinheit und Unterrichtsstunde eingebaut werden. Beteiligt man die Schüler an der Planung, dann kann mit ihnen auch beraten werden, welche Arbeiten zu Hause angefertigt werden sollen.

Wenn die Hausaufgaben gut vorbereitet werden, ohne elterliche Hilfe ausgeführt werden können, einen konstitutiven Beitrag zum Unterricht leisten und regelmäßig kontrolliert und gewürdigt werden, dann sind sie sinnvoll und wichtig. Dabei ist eine Überlastung der Schüler durch Absprache zwischen den einzelnen Fachlehrern und realistische Prognose des Zeitbedarfs zu vermeiden. AEBLI (1987, S. 212 f.) rät dem jungen Lehrer, „die Aufgaben, die er den Schülern aufgibt, selbst zu lösen und sich dabei genau zu beobachten. Es ist so durchaus möglich, die Schwierigkeiten vorauszusehen, die die Schüler antreffen werden“. Diesem Ratschlag schließen wir uns an, wollen ihn aber noch erweitern. Nicht nur Lernschwierigkeiten und Zeitbedarf von Hausaufgaben können durch eigene Ausführung besser eingeschätzt werden. Im Grunde können Sie jeden Unterrichtsschritt einer Stunde probehandelnd ausführen. Sie werden dann vielleicht frühzeitig die Notwendigkeit zusätzlicher Lernhilfen bemerken und zu einer realistischeren Zeitplanung kommen. Die von vielen Praktikantinnen beklagte Unsicherheit hinsichtlich der Antizipation des Zeitbedarfs kann nur beseitigt werden, wenn Sie sich Zeiterfahrung verschaffen. Die erhalten Sie durch den Vergleich zwischen Ihrer Planung und dem tatsächlichen Zeitbedarf in der Realisation Ihres Unterrichtsexperiments.

Lehr- und Lernmittel (Medien)

Fast alles, womit Lehrer und Schüler interagieren, alles, was ihre Kommunikation miteinander trägt bzw. unterstützt, ist Lehr- und/oder Lernmittel: die Sprache, das Lehrbuch, die Tafel, der OH-Projektor, das Präparat, die Kreide, der Arbeitsbogen, der Personal-Computer, die Software, aber freilich auch die alte Wandkarte, das Modell usw.

Entscheidungen über Lehr- und Lernmittel sind nur im Kontext von Ziel-, Inhalts- und Methodenbestimmung zu treffen. Das heißt: Man sollte sich immer zuerst über die Ziele und Inhalte des Unterrichts klar werden. Erst dann macht man sich Gedanken darüber, welches Medium geeignet sein könnte, das Unterrichtsziel bzw. den Unterrichtsinhalt am besten zu erreichen bzw. abzubilden.

Grundsätzlich kann man sagen: Je abstrakter ein Medium ist (je weniger es also der Wirklichkeit des abzubildenden Sachverhalts ähnelt), desto geringer ist seine motivierende Wirkung. Umgekehrt: Je konkreter, je anschauungsnäher das Medium einen Sachverhalt widerspiegelt, desto größer ist seine motivierende Wirkung (Anziehungskraft) auf die Schüler.

Dieser Zusammenhang von Konkretheit und Anziehungskraft hat allerdings nichts damit zu tun, wie gut ein Sachverhalt verstanden wird. Medien mit hohem Konkretheitsgrad können letztlich für den Schüler sehr abstrakt bleiben, wie umgekehrt eine abstrakte Darstellung für den Schüler einen weitaus höheren Erkenntnisgewinn haben kann.

Beispiel:
Stellen Sie sich vor, Sie wollen ihren Schülern Funktion und Struktur einer Kläranlage erläutern. Sehr *motivierend* wäre für die Schüler vermutlich eine fotorealistische Darbietung (z. B. Dias oder ein Video). Für das *Verständnis* von Struktur und Funktion wäre aber eine schematische Darstellung (z. B. als Tafelbild oder als Folie) weitaus sinnvoller.

Vor- und Nachteile der drei wesentlichen Medien

Neben realen Gegenständen und Lehrbüchern spielen die **Kreidetafel**, der **OH-Projektor** und der **Arbeitsbogen** im Unterricht immer noch die wichtigste Rolle.

Kreidetafel

Wenn von der Tafel die Rede ist, dann denkt man unwillkürlich an die *Kreide*tafel. Denn dieses Medium hat aufgrund unserer eigenen Lernerfahrung tiefe Spuren in unserer Erinnerung an Lehren hinterlassen. Erst im Erwachsenenalter erfährt man mitunter, dass es auch andere Möglichkeiten gibt, das Gelehrte Lernenden vor Augen zu führen, zum Beispiel mit Hilfe von Flip-Charts, Pinn- und Plakatwänden, weißen Tafeln. Doch wir wollen uns hier auf den Klassiker aller Tafeln beschränken und einige allgemeindidaktische Vor- und Nachteile nennen.

Die Kreidetafel	
eignet sich für: ■ schrittweises Entwickeln von Sachverhalten (z. B. mathematische Ableitungen) ■ Erklärungen und Erläuterungen (z. B. neue Fachtermini, Fremdwörter, Namen, Beispiele, Zahlen) ■ Sammeln (z. B. Themen, Vorschläge)	eignet sich nicht für: ■ Darstellungen, die länger erhalten bleiben sollen ■ zeitaufwendige Schreib- und Zeichenarbeiten während des Unterrichts (zeitaufwendige Arbeiten müssen vor dem Unterrichtsbeginn erledigt werden)
Vorteile ■ einfache Handhabung ■ große Schreibfläche (bei Klapptafeln) ■ Löschung, Korrektur ist jederzeit möglich	**Nachteile** ■ kein Augenkontakt zu den Schülern beim Anschreiben ■ das Abschreiben bzw. Abzeichnen ist zeitaufwendig ■ Gefahr hoher Fehlerhaftigkeit beim Abschreiben oder Abzeichnen der Tafelanschrift bzw. des Tafelbildes

Im folgenden Beispiel zeigen wir, welche verschiedenen Funktionen eine Tafelanschrift erfüllen kann.

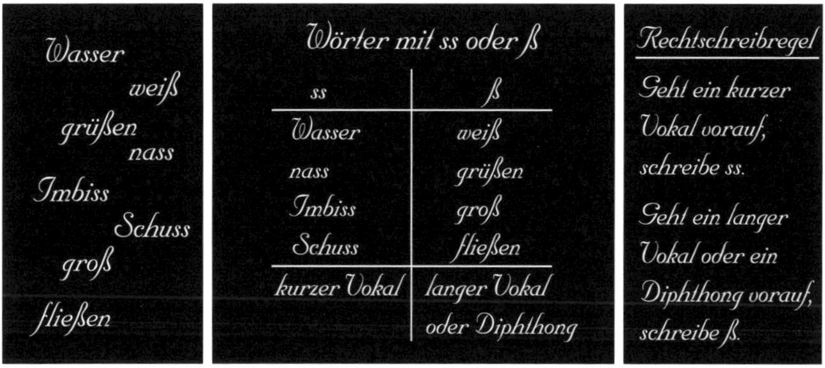

Der linke Seitenflügel der Tafel dient der Stoffsammlung. Der Lehrer notiert auf Zuruf die Wörter in richtiger Schreibweise. Im mittleren Tafelbereich geht es um Ordnung, Gliederung, Strukturierung, Systematisierung. Die Ordnung der Wörter und ein entsprechender Lehrerhinweis lenken die Aufmerksamkeit der Schüler auf die dem s-Laut vorangehenden Vokale und ihre Dauer. Der rechte Seitenflügel dient der Schlussfolgerung, der Verallgemeinerung, der Regelbildung, der Zusammenfassung, der Merkhilfe. Der an der Tafel abgebildete kognitive Prozess entspricht der Leserichtung von links nach rechts und gibt zugleich den inhaltlich-zeitlichen Fortgang der Stunde wieder.

TIPP: Solche Tafelanschriften sollten Sie zu Hause planen!

Das Problem des Tafelzeichnens ist weniger ein didaktisch-methodisches, denn ein *handwerklich-künstlerisches* Problem. Das erste Problem lässt sich leichter lösen. Die folgenden – teils „betagten" – Ratgeber zum Thema sind allesamt sehr anregend und instruktiv:

BREITINGER, Eugen Oscar: Wandtafelzeichnen in der Volksschule. Eine Arbeitshilfe für die Lehrerbildung und die Schulpraxis. Berlin, Neuwied: Luchterhand 1966
Die quantitativ und qualitativ beste Darstellung.

GRÜNER, Gustav: Tafel und Kreide in der Schule. Ein praktisch-pädagogischer Kurs für Lehrer. Braunschweig: Westermann 1970 (2. Aufl.)
Eine der besten kurzen Einführungen in die Arbeit mit dem Medium Tafel; systematisch, instruktiv und anschaulich dargeboten.

ZIRK, Otto: Die Schule des Tafelzeichnens. München: Ehrenwirth 1969
Eines der u. W. ausführlichsten Bücher zum Thema. Auf 174 Seiten – die keineswegs, wie der Autor im Vorwort empfiehlt – zunächst einmal ganz zu lesen seien, sondern durchaus kursiv zu lesen sind, wird das Thema recht instruktiv und anschaulich behandelt.

Overhead-Projektor

Der OH-Projektor ist das Medium, bei dessen Umgang wohl immer noch die meisten Fehler gemacht werden.

Technische Vorteile, die allerdings nur gelten, wenn der Lehrer gute Folien erstellt bzw. benutzt:

- Der Lehrer kann während des Unterrichts Blickkontakt zu den Schülern halten.
- Der Raum braucht nicht – wie beim Einsatz von Diapositiven – verdunkelt zu werden.
- Die Folien können mit wasserlöslichen und wasserfesten Stiften beschriftet, vorbereitet, aufbewahrt und beliebig oft wieder verwendet werden.
- Von den Folien können beliebig viele Kopien, sowohl Papier- als auch Folienkopien gemacht werden.

Gute Folien ...

- erzeugen Aufmerksamkeit
- regen zum Nachdenken an
- motivieren für die Sache
- geben Impulse
- verdeutlichen und visualisieren Sachverhalte
- lassen durch den Gebrauch von Aufbau-, Unterleg-, Abdeck-, Ergänzungs- und Figurinen-Technik eine schrittweise Gedankenentwicklung zu
- haben einen hohen Behaltenseffekt
- dokumentieren die Arbeitsergebnisse von Gruppen und Paaren und erlauben ihre plenare Diskussion

Die Ausnutzung der technischen und didaktisch-methodischen Vorteile des Arbeitsprojektors scheitert allerdings häufig an der Ausstattung der Klassenräume. Wenn die Projektion nur über der Wandtafel bzw. zu nahe am Fenster möglich ist, dann sollte man versuchen, eine umgedrehte Wandkarte als Projektionsfläche zu benutzen. Diese kann entweder am Wandkartenhalter an der Tafel oder (sofern vorhanden) am Wandkartenständer aufgehängt werden. Allerdings sollte man darauf achten, dass ein übertriebener und zu langer Einsatz des Arbeitsprojektors die Schüler ermüdet und die Wirkung des Gezeigten reduziert
Zahlreiche – die Kreativität sehr anregende – Beispiele für den Umgang mit dem Arbeitsprojektor bieten:

MÜLLER, Werner: Der Tageslichtprojektor im Lateinunterricht. Eine Einführung mit praktischen Beispielen. Bamberg: Buchner 1981

TREITZ, Norbert: Bewegliche Folienmodelle für die Sekundarstufe I. Naturwissenschaften im Unterricht (Physik/Chemie) 28, 1980, 10, S. 321–339

Arbeitsblatt/Arbeitsbogen

Das Arbeitsblatt hat sich seit Anfang der 70er Jahre zu einem der wichtigsten Medien entwickelt. Die Fachkollegien der damals neu gegründeten Gesamtschulen hatten den Auftrag, im Rahmen der Bildungsreform auch neue Curricula zu entwickeln. Die vorhandenen Schulbücher waren dazu nicht geeignet. Auch für die Lernkontrollen und informellen Tests mussten entsprechende Materialien entworfen werden. In schuleigenen Druckstationen wurden sie in hoher Auflage für die gesamte Jahrgangsstufe vervielfältigt.
Mit der Verbreitung und Verbilligung der Fotokopierer gingen im Laufe der Zeit auch die anderen Schulformen dazu über, ihre Unterrichtsmaterialien in Form von Arbeitsbögen selbst zu produzieren. Solange dadurch der Mangel an aktuellen Schulbüchern kompensiert und der Unterricht individualisiert werden konnte, war die beschriebene Entwicklung sicher nicht zu kritisieren. Wer aber jetzt beobachtet, was sich vor Schulbeginn rund um den Fotokopierer abspielt, wie unsicher mancher Lehrer wird, wenn er nicht mit einem Stapel Arbeitsbögen, sondern nur mit einem Stück Kreide und seiner Persönlichkeit die Klasse betritt, und wie die Schüler nach der Stunde mit den Arbeitsblättern umgehen, wird den Einsatz dieses Arbeitsmediums kritischer bewerten.
Welche allgemeinen Überlegungen sollte man vor der Entwicklung und dem Einsatz eines Arbeitsblattes anstellen?

1. Haben die Schüler für das entsprechende Fach oder Teilgebiet eines Faches einen Ordner, in dem Arbeitsblätter gesammelt werden und für spätere Rückgriffe, Zusammenfassungen, Wiederholungen, Hausaufgaben, Lernkontrollen zur Verfügung stehen?
   Wird dieser Ordner in bestimmten Abständen von der Lehrerin auf Vollständigkeit überprüft?

2. Ist das Arbeitsblatt reiner Informationsträger (Texte, Quellen, Grafiken, Skizzen, Bilder o. Ä.), enthält es Arbeitsaufträge, regt es zur Selbsttätigkeit der Schüler an, oder ist es ausschließlich als selbstinstruierendes Material gedacht?

3. Ersetzt oder ergänzt es andere Medien (Schulbuch, Atlas, Aufgaben- oder Materialsammlung, Hefteintrag), und wie wird dies begründet?

4. Wie ist der Arbeitsbogen mit dem Konzept von Stundenverlauf und Lernprozess verknüpft? (Basistext zu Unterrichtsbeginn, Stofferarbeitung, Veranschaulichung, Aufgabenbearbeitung, Zusammenfassung, Ergebnissicherung, Übung, Binnendifferenzierung, Individualisierung o. Ä.)

WELLENHÖFER, Walter: Grundlagen einer modernen Arbeitsblatt-Praxis. Ziele, Konzeptionen, Möglichkeiten, Grenzen. München 1991

Wenn man sich für ein Medium entschieden hat, dann sollte man auch möglichst angemessen mit ihm umgehen. Die folgenden drei Checklisten mögen Ihnen dabei helfen:

CHECKLISTE „Kreidetafel"

Inhalt:
Skizzen, Ergebnisse, kurze Texte, (mathematische) Ableitungen, Versuchspläne, schematische Darstellungen, Definitionen, Merksätze, Schlüsselbegriffe, Arbeitsaufträge

Vorbereitung:
- Kreide bereithalten,
- Wasser und Schwamm bereithalten,
- Tafelbild: Aufteilung und Platzbedarf vorher überlegen.

Kommunikation:
- Erklärungen zum Anschrieb nur zu den Schülern gewandt abgeben,
- nach dem Anschrieb neben die Tafel treten und nur von der Seite auf die Tafel zeigen,
- der Zeigestab muss einige Sekunden auf dem Bezeichneten ruhen,
- nicht mit dem Zeigestock spielen,
- genügend Zeit zum Abschreiben lassen,
- den nicht mehr benötigten Anschrieb abdecken oder abwischen,
- für die Reinigung der Tafel eine Pause einlegen,
- nicht gleichzeitig sprechen und schreiben.

Tafelbild:
- groß und deutlich schreiben,
- das Tafelbild sollte klar und übersichtlich sein,
- Wichtiges farbig hervorheben.

Umgang mit den Utensilien:
- Wischrichtung beim Reinigen der Tafel: von oben nach unten,
- zum Schreiben: neue Kreidestücke in der Mitte durchbrechen (damit verhindert man das Abbrechen der Kreide) oder aber die Kreide sehr kurz anfassen,
- nicht auf die nasse Tafel schreiben,
- dunkelfarbige Kreide vermeiden.

CHECKLISTE „Folie"

- Informationsmenge bedenken (Weniger ist meist mehr!)
- Schrift (mindestens 5 mm!)
- Farbe (funktional statt bunt!)
- Typographie (als Mittel der Strukturierung verwenden!)
- Überschrift, Titel angeben!
- 2 cm Rand an allen Seiten lassen!
- Querformat vor Hochformat (wenn möglich)!

Für Folien, die primär informieren wollen, gilt:
- Reduzierung auf das Wesentliche,
- das Wesentliche in den Bildmittelpunkt,
- flächenmäßig am größten,
- verständliche Bildsprache,
- Sehgewohnheiten berücksichtigen (von links nach rechts, von oben nach unten)!

Folien-Typ beachten!
Grundsätzlich sind zu unterscheiden: Schreib- und Kopierfolien.
Schreibfolien niemals in ein Fotokopiergerät oder einen PC-Drucker legen! Für PC-Laser-Drucker und Tintenstrahldrucker sollten dafür vorgesehene Spezialfolien verwendet werden!

Aufbewahrung
(vor allem von Laserdrucker-Folien) in Spezialhüllen für OH-Folien

Während des Unterrichts
- Optimal: Projektionsfläche ist 45° geneigt.
- Nicht im Projektionsstrahl stehen!
- Demonstrationen nur auf der Projektionsfläche des Overhead-Projektors!
- Nicht zur Projektionswand sprechen!
- Keine Demonstration (mit dem Finger oder einem Zeigestab) an der Projektionsfläche!
- Projektor nur solange angeschaltet lassen, solange über die Folie gesprochen wird!
- Folien nicht zu schnell wechseln!
- „Folienschleuder" vermeiden (also nicht eine Folie nach der anderen auflegen)!

CHECKLISTE „Arbeitsbogen/Arbeitsblatt"

- Die Arbeitsbögen/Arbeitsblätter sollten datiert und nummeriert werden, so dass sie fächermäßig zugeordnet und auch zu späteren Zeitpunkten verwendet werden können!
  - Fach,
  - Arbeitsbereich,
  - Überschrift,
  - Titel

  angeben!
- 2 cm Rand an allen Seiten lassen! (In besonderen Fällen für Randnotizen rechts 7 cm)
- Vorlochen!
- Hochformat vor Querformat (wenn möglich)!
- Niemals die Rückseite, sondern neues Blatt benutzen (wenn möglich)!
- Informationsmenge bedenken! Weniger ist meist mehr!
- Motivierende Gestaltung und persönliche Ansprache:
  - handschriftlich gefertigt,
  - mit ermutigenden Worten und
  - Karikaturen (für jüngere Schüler)!
- Klare, übersichtliche Gliederung!
- Größe der Schrift 12 bis 14 Punkt!
- Trennung von Informations-/Stoff- und Arbeitsteil!
- Genügend Platz für Schülereinträge vorsehen!
- Auf Verständlichkeit und Prägnanz der Anleitungstexte und Arbeitsaufträge achten!
- Keine ungeordnete Collage verschiedener Textauszüge!
- Fundstellen und Quellenangaben vermerken!

Der schriftliche Unterrichtsentwurf

Die Ergebnisse Ihrer Recherchen und Reflexionen zu den Strukturmomenten des Unterrichts werden im Unterrichtsentwurf zusammengestellt und erscheinen komprimiert in der Antizipation eines möglichen Stundenverlaufs.
Man kann einen ausführlichen Unterrichtsentwurf und eine Kurzplanung oder Unterrichtsskizze unterscheiden.

Welche Funktionen hat die Schriftfassung?

JANK/MEYER (1991, S. 388) verweisen allgemein auf den heuristischen Wert des Aufschreibens: „Das Aufschreiben der vielfältigen Gedanken und Gedankensplitter, die man vor einer wichtigen Unterrichtsstunde im Kopf hat, ist u.E. der beste Weg zum Aufbau einer klaren Vorstellung der Ziele und einzelnen Schritte einer Unterrichtsstunde. Vom Schreiben geht der heilsame Zwang aus, sich zu entscheiden, was man wirklich will. Beim bloßen Nachdenken über eine Stunde neigen viele dazu, alles in der Schwebe zu lassen. Im schriftlichen Entwurf dagegen legt man sich fest."
Weiterhin ist der schriftliche Entwurf, ob kurz oder ausführlich, ein Dokument Ihrer Vorbereitung. Sie können sie nach dem Unterrichtsversuch mit dem tatsächlichen Stundenverlauf vergleichen, Sie können sie abheften und zu einem späteren Zeitpunkt wieder verwenden, sie können sie als Stoffsammlung für eine neue, modifizierte Planung nutzen.
Die Kurzplanung (Unterrichtsskizze) bzw. der Verlaufsteil des ausführlichen Unterrichtsentwurfs sind für Sie die Gedächtnisstütze und das Geländer für die Durchführung des Unterrichts. Zeitleiste, Unterrichtsschritte, Reihenfolge der Medien können dadurch erinnert werden.
Für die Beoachter Ihres Unterrichts (Mentor, Mitpraktikanten, Hochschulbetreuer) stellt Ihre Planung notwendiges Vorwissen bereit und bildet neben dem realen Unterrichtsablauf eine Grundlage für das anschließende Auswertungsgespräch.
Im Referendariat steht die legitimatorische und Prüfungsfunktion der Unterrichtsplanung im Vordergrund.

Strukturierungshilfen zur Unterrichtsplanung

Wie die ausführliche oder die Kurzfassung der schriftlichen Unterrichtsplanung im Einzelnen aussehen kann/soll, wird je nach Ausbildungsinstitution und -zweck und je nach fachdidaktischer Ausprägung unterschiedlich zu beantworten sein. Wir können Ihnen deshalb an dieser Stelle nur allgemeine Strukturierungshilfen und Planungsraster vorstellen, die Sie dann für Ihre besonderen Zwecke modifizieren können/müssen. Wir möchten Ihnen im folgenden **drei Möglichkeiten** vorstellen (es gibt noch andere, die sich aber nur unerheblich von den folgenden unterscheiden).

1. Mit der folgenden Gliederung haben wir gute Erfahrungen gemacht:

1. **Die Unterrichtseinheit**
   Zielgruppe (Schulart, Klassenstufe, Kursniveau) - Thema - Gliederung - Zielsetzung
2. **Die Unterrichtsstunde**
   Stellung innerhalb der Unterrichtseinheit - Thema - Zielsetzung
3. **Unmittelbare Unterrichtsvoraussetzungen**
   - Spezielle Merkmale der Zielgruppe
   - Vorwissen, Lernstand, Leistungsmöglichkeiten
   - Beherrschung von Sozialformen, Arbeitstechniken u. Ä.
   - Voraufgegangener Unterricht
4. **Sachanalyse** (vgl. Fragen auf S. 60 f.)
5. **Didaktische Analyse** (vgl. Fragen auf S. 60/61)
6. **Methodische Möglichkeiten** (vgl. S. 65 ff.)
   - Gliederung des Unterrichtsverlaufs mit Fein-/Teilzielen
     - Artikulation/Phasen/Stufung des Unterrichts (Hinführung - Präsentation/Darbietung - Reaktion - Erarbeitung - Vertiefung - Festigung - Übung - Weiterführung - Anwendung - Übertragung - Gestaltung)
     - Motivierung der Schüler und Einstieg
     - Modus der Darbietung von Text/Material/Medium
   - Medien (Bücher, Bilder, Arbeitsblätter, Tafelanschrift/-bild, OH-Folien, Tonträger, Videos, Filme u. ä.)
   - Zeitbedarf
   - Alternativen
   - Möglichkeiten innerer Differenzierung
   - Sozialformen/Handlungsmuster
   - Erfolgs-/Lernkontrolle
   - Hausaufgaben
7. **Geplanter Unterrichtsverlauf**

Zeit/Phase	Vermutetes Schülerverhalten	Geplantes Lehrerverhalten	Didaktischer Kommentar

Zeit/Phase	Lehrer-/Schüler Verhalten	Aktionsform/ Sozialform	Medien	Ziel

8. **Tafelbilder, OH-Folien, Arbeitsblätter, Texte** usw.
9. **Literaturangaben**

2. Jank/Meyer (1991, S. 404) schlagen folgende Standard-Gliederung vor:

1. **Bild der Lerngruppe**
   - Lernvoraussetzungen der SchülerInnen
   - Interessen der SchülerInnen
   - Interaktionsverhalten der SchülerInnen
2. **Bisher erteilter Unterricht**
   - Einordnung der Stunde in die Unterrichtseinheit
   - Organisatorische Voraussetzungen
   - Ausblick auf die Fortsetzung der Unterrichtseinheit
3. **Sachanalyse**
   - fachwissenschaftlicher Zusammenhang und Grundlagen
   - fachliche Struktur des Themas
4. **Didaktische Analyse**
   - Richtlinienvorgaben
   - Bedeutung des Themas für die SchülerInnnen
   - „Methodische Leitfrage“*
   - Begründung der Inhaltsauswahl
   - Zur didaktischen Reduktion
5. **Lernziele**
   - kognitive, affektive, psychomotorische Lernziele oder:
   - fachliche Lernziele
   - soziale Lernziele
6. **Methodische Überlegungen**
   - Unterrichtsschritte und ihre didaktischen Funktionen
   - „Gelenkstellen“ zwischen den Unterrichtsschritten
   - Handlungsmuster
   - Sozialformen
   - Planungsalternativen
   - Medien
7. **Geplanter Stundenverlauf**
   - Zeitplan, ...
   - Raster zum Stundenverlauf
8. **Anhang**
   - Literaturverzeichnis
   - Sitzplan
   - Tafelbild
   - Arbeitsblatt

* Unter „methodischer Leitfrage“ wird die pädagogische Perspektive auf einen Gegenstand verstanden, die ihn erst zu einem Unterrichtsinhalt macht.

3. Das folgende fachdidaktische Beispiel für die Form eines Unterrichtsentwurfs im Fach Englisch gibt MINDT (1995, S. 118)

Name:
Anschrift:
Telefon:

Datum:
Schule:
Anschrift:
Schulleiter:
Mentor:
Klasse/Kurs:

Entwurf einer Unterrichtsstunde im Fach Englisch zum Thema ...

1. **Bedingungsfeldanalyse**
   (alle für den EU relevanten Fakten)
2. **Begründung des Unterrichtsgegenstandes**
   (unter Bezugnahme auf den Lehrplan)
3. **Unterrichtszusammenhang**
   (Themen/Hauptlernziele der vorausgegangenen und nachfolgenden Stunden)
4. **Sachanalyse**
   (fachwissenschaftliche Analyse des Unterrichtsgegenstandes)
5. **Didaktische Analyse**
   (auf der Basis der Sachanalyse, geht vom unterrichtlichen Aspekt aus), umfasst:
   Auswahl (Welche Teilbereiche aus dem Gesamtkomplex werden ausgewählt?)
   Abstufung (In welchen Gruppen und in welcher Reihenfolge werden sie angeordnet?)
   Darbietung (methodische Entscheidungen für einzelne Unterrichtsabschnitte unter Berücksichtigung von Aktionsformen, Medien usw., jeweils bezogen auf die Phasen)
   Sprachaufnahme – Sprachverarbeitung – Sprachanwendung
6. **Lernziele**
   (ggf. aufgeteilt in Grob- und Feinziele, letztere möglichst operationalisiert)
7. **Literaturangaben**
8. **Verlaufsplanung**
   (möglichst in Tabellenform, muss mindestens enthalten:)

Zeit	Geplantes Lehrerverhalten	Erwartetes Schülerverhalten	Didaktischer Kommentar

   (alle Lehrer- und Schüleräußerungen in der Zielsprache ausformuliert)
9. **Anhang**
   (Tafelbilder, Folien, Texte, Arbeitsblätter)

In den vorstehenden Strukturierungshilfen bildet der geplante Stundenverlauf/die Verlaufsplanung lediglich einen Unterpunkt, für dessen Ausfüllung verschiedene Gliederungsraster angeboten werden. Dabei ist dieser Abschnitt der wichtigste Teil Ihres Stundenentwurfs. Hier erscheinen Ihre fachwissenschaftlichen, didaktischen und methodischen Überlegungen als konkrete Entscheidungen, die sich im Unterricht, im gemeinsamen Handeln mit den Schülerinnen und Schülern bewähren müssen. Die Verlaufsplanung ist Ihre Partitur, Ihr Regiebuch, nach dem die Stunde inszeniert wird. Eine Reihe von Unterrichtsversuchen werden Sie auf der Grundlage eines solchen Kurzentwurfs, einer **Unterrichtsskizze**, durchführen. Die konkrete Antizipation der Stundengliederung und Zielsetzung, des Zeitbudgets sowie der einzelnen Lehrerhandlungen bereitet vielen Praktikanten besondere Schwierigkeiten. Die folgenden Zitate veranschaulichen dies:

> „Die Phase der Folie ... hatte viel länger gedauert als erwartet. Diese totale Fehleinschätzung der Zeit war mir eine Warnung, die zeitliche Planung der nächsten Stunden sorgfältiger zu machen.“ (GABEL, S. 154)
>
> „Eine meiner grundsätzlichen Unsicherheiten ist, dass ich nicht weiß, wie lange ich bei einem bestimmten Unterrichtsgegenstand verharren sollte. Auf der einen Seite fürchte ich, dass die Schülerinnen sich langweilen, auf der anderen Seite möchte ich Oberflächlichkeit und voreiliges Abbrechen vermeiden.“ (ebd.)
>
> „Der Phasenwechsel, wichtig in allen Jahrgangsstufen, war besonders in der Mittelstufe entscheidend. Die 8. Klasse musste ein Thema aus verschiedenen Perspektiven sowie mit unterschiedlichen Methoden erarbeiten. Das hieß Gruppenarbeit, Partnerarbeit, Icebreaker und möglichst wenig Frontalunterricht. Wo die 11. Klasse mit 45 Minuten Diskussion über den Text zufrieden war, bedeutet das in der 8. Klasse mindestens vier Phasenwechsel.“ (ebd., S. 156)
>
> „Insgesamt musste ich mir jedoch eingestehen, dass ich mir bei der Planung des Unterrichts zu wenig Gedanken über die Lernziele der einzelnen Unterrichtsphasen gemacht hatte. Die Frage nach dem ‚Wozu‘ wurde durch den übergroßen Wunsch nach abwechslungsreichem Unterricht vernachlässigt.“ (ebd., S. 155)
>
> „Die Formulierungen der Arbeitsaufträge sind zu ungenau und manchmal zu kompliziert statt einfach.“ (ebd., S. 157)
>
> „Die Form einer Gruppenarbeit zeigte sich als der ideale Weg, die Schüler näher kennen zu lernen. Während der Stillarbeitsphase konnte man von Gruppe zu Gruppe gehen und sich mit einzelnen Schülern näher unterhalten. Dabei entdeckte man schnell Fehler, die sich aus ihrer Arbeit ergaben. Diese konnten in Einzelgesprächen erörtert und beseitigt werden. Der Frontalunterricht hätte sich als die ungünstigere Form der Darbietung erwiesen.“ (ebd., S. 158)

Wie eine Kurzplanung bzw. Unterrichtsskizze aussehen könnte, zeigen wir an dem folgenden Beispiel aus dem Biologieunterricht.

Datum:	**Klasse:** 5a	**2. Stunde** (8.50 - 9.35)
Thema:	Der Vogelzug (Warum fliegen die Zugvögel fort? –	
Stundenziel:	Die Schüler sollen wissen, dass der Vogelzug eine besondere	

Phase/Zeit	Lehrerhandlungen
Einführung 8.50 - 8.55	*„Im Herbst können wir häufig sehen, wie große Vogelschwärme nach Süden ziehen. – Wer hat das auch schon beobachtet und kann davon berichten?“*
Problematisierung 8.55 - Problemlösung - 9.05	*„Wir wollen uns überlegen, warum die Zugvögel fortziehen.“* (Tafelüberschrift) (Evtl. weiterer Impuls: *„Beschreibt doch mal die durch den Herbst und Winter ausgelösten Veränderungen in der Natur und bringt sie in Zusammenhang mit dem Vogelzug!“*) (Notiert passende Schülerbeiträge an der Tafel.) Ergänzt fehlende Punkte (vermutlich: Zugtrieb).
Weiterführung 9.05 - 9.20 (Kennübung)	*„Gibt es denn nun im Winter gar keine Vögel mehr bei uns?“* Lehrer erläutert Begriffe Zugvogel – Teilzieher – Standvögel und nennt Arten als Beispiele. (Notiert an der Tafel.) *„Auf der OH-Folie sind die an der Tafel notierten Vogelarten abgebildet. Wir wollen die Namen den Bildern zuordnen und sie mit ‚Z‘ (Zugvogel) und ‚S‘ (Standvogel) kennzeichen.“*
Festigung 9.20 -	*„Ihr werdet jetzt ein Arbeitsblatt mit einer Kalenderübersicht bekommen. Darauf sollt ihr die Namen der Vögel und ihre Aufenthaltszeiten einzeichnen. Wir machen zwei Beispiele gemeinsam, dann könnt ihr es allein.“* (Während die Schüler die Namen eintragen, ergänzt der Lehrer im Overlay-Verfahren auf der Folie die Aufenthaltszeit.) (Während der Einzelarbeit geht der Lehrer durch die Reihen und hilft den Schülern bei Fragen oder falschen Einträgen.)
Hausaufgabe - 9.35	*„Schaut im Lexikon oder Bio-Buch nach, welche Zugvögel es noch gibt und wohin die Zugvögel ziehen. Notiert eure Ergebnisse als Grundlage für die nächste Stunde!“*

Fach: Biologie
Welche Vögel fliegen wohin?)
Anpassung der Zugvögel an winterliche Bedingungen darstellt.

Schülerhandlungen	**Methode Medien**	**Teilziele**
Berichten über eigene Beobachtungen; äußern evtl. auch schon Vorkenntnisse.	Unterrichtsgespräch	
Meldungen: Es werden genannt: kältere Temperaturen – kürzere Tage – Dunkelheit – Nahrungsmangel – Schneedecke o. Ä.	Tafel Unterrichtsgespräch Tafelanschrift 1	1. Die Schüler erfassen die im TA aufgeführten Gründe für den Vogelzug.
Widerspruch – Nennung von Spatzen, evtl. weitere Arten Stellen evtl. Verständnisfragen Nennen die Namen und notieren sie nach Aufruf auf der Folie mit den Kurzzeichen.	Unterrichtsgespräch Lehrervortrag Tafelanschrift 2 OH-Folie OH-Arbeit	2. Die Schüler kennen die Begriffe und die entsprechenden Vogelarten.
Fertigen die Eintragungen im Arbeitsblatt.	OH-Folie Arbeitsblatt Einzelarbeit	
	Einzelarbeit	

Tafelanschrift 1

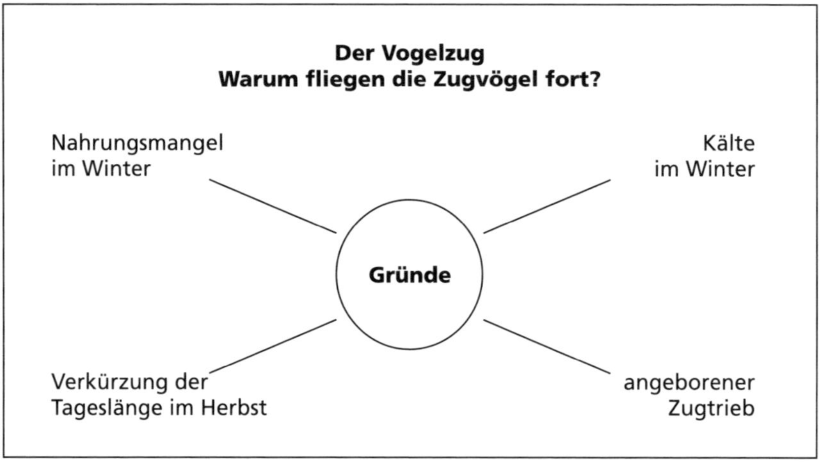

Tafelanschrift 2

Zugvögel	**Teilzieher**	**Standvögel**
Star	Amsel	Spatz
Kuckuck	Elster	Meise
Rotkehlchen	Krähe	Zaunkönig

- OH-Folie sowie Overlay
- Arbeitsblatt

(Abgewandelt auf der Basis von STENGER, Adam: Der Vogelzug. In: Ehrenwirth Hauptschulmagazin 10/1982, S. 11–14)

3.2 Durchführung von Unterrichtsexperimenten

> „Trotzdem hat mir das Unterrichten viel Freude bereitet. Die genaue Planung jeder einzelnen Stunde ist zwar sehr zeitaufwendig gewesen, hat sich aber bezahlt gemacht. Da ich genaue Impulse und Phasen immer gut unterteilt hatte, habe ich mich in keiner Stunde unsicher gefühlt." (Praktikantin - Gymnasium)
>
> „In der Diskussion realisiere ich, dass viele Aspekte gleichzeitig auf mich zukommen:
> - Ich muss Fragen stellen, um den Unterricht voranzubringen.
> - Ich muss mir die Reihenfolge der Wortmeldungen merken.
> - Ich muss die einzelnen Redebeiträge beantworten, Stellung nehmen und moderieren.
> - Ich muss möglichst alle Schüler einbeziehen.
> - Ich muss Aufmerksamkeit und Ruhe erhalten.
> - Ich muss mich an die völlig neue Situation gewöhnen, dass ich vorne in der Klasse stehe und selbst nicht mehr Schülerin bin.
> - Ich muss die Schüler immer wieder auffordern, lauter zu sprechen oder ihre Beiträge zu wiederholen.
> - Ich muss die Schüler sprachlich verbessern und mich inhaltlich mit ihren Beiträgen auseinandersetzen." (Praktikantin - Realschule)

Aus den vorstehenden Zitaten und in vielen weiteren Berichten von Praktikantinnen wird deutlich, dass zwischen der am Schreibtisch entwickelten und in die schriftliche Fassung eines Unterrichtsentwurfes gegossenen Planung und ihrer Durchführung im realen Unterrichtsexperiment ein ganz erheblicher Unterschied besteht. In der Planung den Schüler als Gestaltungspartner zu antizipieren ist eine, in der Unterrichtsdurchführung real mit 30 Schülerinnen zu interagieren eine andere Sache.

Daraus folgen zwei allgemeine TIPPS:

- Detaillierte Unterrichtsplanung ist notwendige Voraussetzung.
- Die Unterrichtsdurchführung gelingt nur gemeinsam mit den Schülern, nie ohne oder gar gegen sie.

Unterrichten als Impulsgebung/-setzung

Während der Unterrichtsplan die Zielrichtung bestimmt und die Unterrichtsschritte mit den jeweiligen Tätigkeiten von Lehrern und Schülern festlegt, geraten beim realen Unterrichtsversuch Feinabstimmung und Feinsteuerung ins Zentrum der Aufmerksamkeit. Sie haben es jetzt nicht mehr mit größeren Phasen und Zeitabschnitten zu tun, sondern mit Szenen, Situationen und

Augenblicken, in denen Sie sich nur fragen: Was muss ich jetzt sagen oder tun? Was sollen die Schüler sagen oder tun? Sie bewegen sich also auf der Mikroebene des Unterrichtsgeschehens.
Für dieses Interagieren auf der Mikroebene, dieses elementarste Unterrichtshandeln, dieses Anstoßen, Voranbringen, Organisieren usw. wird in der Didaktik der Begriff **Impuls** verwendet.
Impulsgebung ist eine wichtige Tätigkeit des Lehrers. Sie werden bei der Beobachtung Ihres Mentors dessen Impulstechnik beobachten und beurteilen. Sie werden im Laufe Ihres Berufslebens diese und eigene Techniken ausprobieren und in Ihr methodisches Handlungsrepertoire integrieren.

Was lässt sich grundsätzlich zur Impulsgebung sagen?
Impulse können sprachlich vermittelt sein oder nonverbal. Die nichtsprachlichen Impulse können sich auf verschiedene Sinnesorgane beziehen. Der Lehrer zeigt auf einen Fehler im Tafelanschrieb (optischer Impuls), der Lehrer spielt das Thema einer Sonate vor (akustischer Impuls), durch Geruchsproben lässt der Lehrer im Chemieunterricht Stoffe differenzieren, mit Tastproben

Materialeigenschaften feststellen. Zu den nichtsprachlichen Impulsen gehören auch die Mimik und Gestik des Lehrers.
Die sprachliche Form der verbalen Impulse entspricht den Satzarten Aussage, Wunsch/Aufforderung, Frage. Manche Didaktiker möchten die Lehrerfrage nicht den Impulsen zurechnen, weil sie diese eher der Form des Lehrgesprächs und den Impuls eher als Denkanstoß im Unterrichtsgespräch verstehen. Wir halten es für zweckmäßig, Impuls als Oberbegriff zu benutzen und dann seine Form näher zu bestimmen.
Wenn Impulse sich auf die Phasengliederung, auf einzelne Arbeitsschritte oder auf die Abgrenzung von Abschnitten (Gelenkstellen) beziehen, steuern sie den methodischen Gang eher grob und global. Sie sollten schon bei der Unterrichtsplanung antizipiert und in schwierigen Fällen auch wörtlich vorformuliert werden.

Zum Beispiel:
„Ihr werdet jetzt einen Arbeitsbogen bekommen, auf dem fünf Fragen zu unserem Märchen notiert sind. Beantwortet die Fragen bitte schriftlich. Dafür habt ihr zehn Minuten Zeit. Ihr könnt euch mit eurem Nachbarn leise beraten. Anschließend vergleichen wir eure Lösungen.“
(**Hauptimpuls** zur Einleitung der Stillarbeitsphase)

„Wir wollen uns erst noch einmal einige Gründe für die Weltwirtschaftskrise 1929 in Erinnerung rufen und dann überlegen, ob wir Vergleichspunkte zur aktuellen Situation finden.“
(**Gliederungsimpuls** für die kommenden Arbeitsschritte)

„Eure Vermutungen, warum der Maler diese Darstellungsweise gewählt hat, sind wichtig und werden uns später noch genauer beschäftigen. Lasst uns jetzt aber noch weiter fragen, welche Bildelemente auf den Betrachter besonders wirken.“
(**Abgrenzungsimpuls** zur thematischen Ordnung der Schüleräußerungen)

Zur **Feinsteuerung des methodischen Ganges** dienen die folgenden Impulsbeispiele:

„Nehmt bitte die Atlanten vor und schlagt Seite 52, die Karte mit den Bodenschätzen Nordeuropas, auf!“ (**Sachordnungsimpuls**)
„Dein Vorschlag ist sehr gut; er bringt uns nämlich noch auf einen anderen Lösungsweg.“ (**Bestätigungs-/Ermutigungsimpuls**)
„Lasst doch einen erst ausreden und ruft nicht dazwischen!“ (**Disziplinarischer Ordnungsimpuls**)

Weitere Impulse mit verlaufssteuernder Tendenz sind Impulse zur Wiederholung, Weiterführung, Beschleunigung, Bremsung u. Ä.
Eine andere Gruppe von Impulsen, zuweilen auch als Denkanstöße bezeichnet, dienen dazu, den Lerninhalt und den kognitiven Zugriff des Schülers in Verbindung zu bringen. Auch dazu einige Beispiele.

„Wo gibt es eine Symmetrieachse?“ (**Analyseimpuls**)
„Formt die beiden Hauptsätze um zu einem Satzgefüge!“ (**Syntheseimpuls**)
„Erläutere doch noch einmal, wie du zu dieser Lösung gekommen bist!“ (**Verdeutlichungsimpuls**)

Im Rahmen der pädagogischen Tatsachenforschung (PETERßEN) hat Friedrich WINNEFELD (1957) mit seinen Mitarbeitern das Kontaktgeschehen im Unterricht untersucht und eine Matrix mit einer Vielzahl von Impulstendenzen und -funktionen erstellt. Einige davon haben wir in der folgenden Grafik zusammengestellt. Damit bezwecken wir, Sie auf die Vielzahl von Impulsmöglichkeiten hinzuweisen und dadurch Ihre (fach-)didaktisch-methodische Phantasie anzuregen.

Impulse des Lehrers

- **zur Steuerung des Unterrichtsverlaufs**

  Impulse mit der Funktion ...
  - zu ermutigen
  - zu beschleunigen
  - zu bremsen
  - zu akzentuieren
  - zu disziplinieren
  - zu wiederholen
  - eine Spannung aufzubauen
  - auf die Sache zu konzentrieren
  - zu loben
  - zu kritisieren
  - zu kontrollieren

  usw.

- **zur Anregung des Denkens und Handelns der Schüler**

  Impulse mit der Funktion, die Schüler anzuregen ...
  - zu analysieren
  - zu vergleichen
  - zu ergänzen
  - zusammenzufassen
  - zu folgern
  - zu entscheiden
  - zu werten
  - zu präzisieren
  - vorzuführen
  - vorzutragen
  - nachzudenken
  - abzuwägen

  usw.

Einige Hinweise zur Formulierung und zum Einsatz von Impulsen

1. Impulse sollten den Regeln allgemeiner Umgangsformen entsprechen und in gewissem Maße reversibel sein. *„Begründe bitte deine Aussage."* ist ein Impuls, den der Schüler auch an den Lehrer richten kann: *„Geben Sie uns doch bitte Gründe dafür an!"* Dies gilt für die folgenden Beispiele nicht:
„Jetzt hört endlich, verdammt noch mal, mit dem Quatschen auf!"
„Ingrid, Schätzchen, kannst du nicht ein bisschen lauter sprechen!"

Andererseits sollen Impulse auch einen Ausdruck von Verbindlichkeit haben, der die Lernorganisation sichert und nicht ins Belieben der Schüler gestellt bleibt. *„Ihr könnt ja zu Hause darüber mal nachdenken."* ist ein Beispiel für diese Unwirksamkeit.

2. Impulse sollten nicht so weit formuliert sein, dass sie ihre orientierende Funktion verlieren (*„Nun sagt doch mal was dazu!"*). Sie sollten nicht so eng sein, dass sie den Denk- und Verhaltensspielraum der Lernenden zu stark begrenzen (*„Nennt mir doch den einen Begriff, der den Sachverhalt genau bezeichnet!"*)

3. Den Zusammenhang mit Ihren Lernzielformulierungen (Operationalisierung) können Sie herstellen, wenn Sie auch durch Ihre Impulse die Schüler zu Tätigkeiten bzw. Handlungen auffordern. Beispielsweise: *„Vergleicht die beiden Sätze!" – „Arbeitet die Unterschiede zwischen den Figuren heraus!" – „Prüft die Materialbeschaffenheit durch Betasten, und beschreibt sie dann!"*

4. Formulieren Sie *einen* gut durchdachten Impuls! Vermeiden Sie Impulshäufungen, die zu Irritationen der Schüler führen!

5. Berücksichtigen Sie alle Schülermeldungen, die auf Ihren Impuls erfolgen! Fordern Sie dann Begründungen und Erklärungen. So bildet sich der jeweilige Reflexionsstand gut ab und ermöglicht Ihnen Fehlerkorrekturen und Lernhilfen.

6. Vermeiden Sie Impulse, deren Nebenbedeutung Wertungen von Schülern mit trägt! Beispielsweise: *„Das ist ja nicht schwer. Das kann auch unser Peter."*

7. Vermeiden Sie Suggestivfragen!

8. Beantworten Sie Ihre Fragen nicht selbst!

Abschließend noch ein Anwendungsbeispiel:
Bei Ihren ersten Unterrichtsversuchen gilt Ihre besondere Aufmerksamkeit zu Recht dem Unterrichtseinstieg. Wie beginne ich, wie eröffne ich die Stunde so, dass die Schüler interessiert werden und Motivation entwickeln können?
R. MILLER (1993) hat Möglichkeiten für einen Unterrichtsbeginn zusammengestellt, von denen wir Ihnen einige nennen:

- „Ich stelle mich vor die Klasse und warte, bis es ruhig ist.
- Ich fange einfach an.
- ‚Ruuuuuuuhe!!!‘
- Ich setze mich ans Pult und warte.
- Ich schreibe an die Tafel.
- Ich beginne mit sehr leiser Stimme.
- Ich ziehe etwas ‚Interessantes‘ aus dem Ärmel.
- Ich gehe auf einzelne ‚Nichtaufpasser‘ zu.
- Ich stelle Aufgaben, damit die Schüler gleich etwas zu tun haben.
- Ich setze mich ans Klavier; ich spiele Gitarre ...
- Wir sagen gemeinsam ein Gedicht.
- ‚Achtung, alle mal herhören!‘
- Ich schreibe das Stundenziel an die Tafel.“ (MILLER, S. 255)

Vielleicht beginnen Sie aber auch mit einem informierenden Unterrichtseinstieg à la GRELL/GRELL (1993, S. 134 ff.), in dem Sie durch einen kleinen Lehrervortrag Zielsetzung und Organisation sowie die auf die Schüler zukommenden Tätigkeiten der Stunde darstellen.

Wenn Sie noch einmal die eingangs zitierte Aufzählung von Lehrertätigkeiten im Praktikumsbericht einer Realschul-Praktikantin durchsehen (S. 89), werden Sie feststellen, dass über die Impulsgebung hinaus noch viele andere Lehrertätigkeiten erforderlich sind, für deren Training das zweijährige Referendariat der eigentliche Ausbildungsort ist. Niemand kann von Ihnen erwarten, dass Sie all diese Lehrgriffe und Techniken bereits im Praktikum beherrschen. Aber vielleicht haben Sie die Möglichkeit einiges davon zu beobachten und auszuprobieren. Rezepte dazu werden Sie von Ihren Mentorinnen hören und/oder in der didaktisch-methodischen Literatur finden.
Zu diesen handlungsanleitenden Rezepten kommen auch solche, die dringend raten, etwas zu unterlassen. GLÖCKEL (1992) fasst sie unter dem anspruchsvollen Begriff der **Kunstfehler** zusammen und nennt folgende **„Verstöße gegen technische Regeln des Unterrichts“**:

Der Lehrer ...

- wiederholt die Schüleraussagen wörtlich.
- spricht zu hastig, undeutlich, monoton.
- steht so im Raume, dass er schlecht gesehen oder gehört werden kann.
- lässt nicht genügend Zeit zur Überlegung.
- löst das Unterrichtsgespräch in Einzelunterhaltung auf und lässt die restlichen Schüler unbeschäftigt.
- gibt unklare Arbeitsanweisungen, lässt mehrere Dinge gleichzeitig tun, setzt keine deutlichen Zäsuren.
- präsentiert Medien so, dass sie nicht von allen gut wahrgenommen werden können.

- will Dinge aus den Schülern herausfragen, die sie gar nicht wissen und auch nicht denkend erschließen können, usf. (GLÖCKEL, S. 20)

Mit manchen dieser „Kunstfehler" haben Sie sicher schon in Ihrer eigenen Schülerzeit Bekanntschaft gemacht. Vielleicht erinnern Sie sich daran so lebhaft, dass Sie mit Ihren Schülern im Praktikum anders kommunizieren.

Schließen wollen wir unsere Überlegungen zur Unterrichtsdurchführung mit einem Blick in die Geschichte der Didaktik. Johann Amos COMENIUS (1592–1670) zeigt, welche Regeln der Lehrkunst man beachten und welche Kunstfehler man vermeiden soll. Hier eine kleine Auswahl aus seinen „Rezepten":

- Das Band zwischen Lehrendem und Lernendem sind die Kenntnisse, die von einem zum anderen übergehen.
- Wer keine Lust zum Lernen zeigt, den wirst du vergeblich belehren, solange du bei ihm nicht ein reges Interesse am Lernen weckst.
- Fange nicht eher an zu lehren, bis du beim Schüler den Geschmack am Lernen geweckt hast.
- Fange nicht zu lehren an, ohne den Schüler zu tätiger Anteilnahme bereitgemacht zu haben.
- Wo verworren gelehrt wird, da wird verworren gelernt.
- Wo nachlässig gelehrt wird, da wird auch nachlässig gelernt.
- Wo es keine Nachahmung gibt (das heißt: Anwendung, Tätigkeit, Übung), da bleiben die Anleitung zur Nachahmung und selbst das, was nachgeahmt werden soll, überflüssig.
- Zwischen allem, was gelehrt werden soll, soll ein stetiger Zusammenhang sein.
- Der unmittelbar von den Dingen selbst ausgehende Eindruck ist der beste.
- Bei einem Gegenstand verweilen, macht den Eindruck fester.
- Was man lehrt, soll durch wohltuende Abwechslung gemildert sein.

COMENIUS 1992, S. 237 ff.

3.3. Auswertung der Unterrichtsversuche im Dialog

„Das Betreten der Schule, des Lehrerzimmers, der Klassenräume ist schon etwas Alltägliches geworden und somit auch nicht mehr so spannend. Auf der anderen Seite ist es auch gut, sich an die Schulsituation gewöhnt zu haben – eigentlich die besten Voraussetzungen, nun selbst zu unterrichten." (GABEL, S. 124)

„Die Stunde läuft ziemlich glatt, die Hände zittern ein wenig, aber meine Stimme ist fest und es gelingt mir, langsam und deutlich zu sprechen. (Dessen war ich mir vorher überhaupt nicht sicher!) Eine Mitpraktikantin kam etwas später und gab mir ein gutes Feedback nach der Stunde. Kritik ist ganz wichtig, unser Mentor geht damit

> leider sehr sparsam und vor allem undifferenziert um – das ist wirklich schade, denn wir Praktikantinnen haben natürlich nicht die Erfahrung, um uns gegenseitig angemessen beurteilen zu können.“ (ebd.)
>
> „Beim Nachdenken über meine eigenen Unterrichtsstunden fällt mir spontan ein, wie wichtig ... doch eine ausführliche und schriftliche Vorbereitung der Unterrichtsstunde ist. Es hat mir sehr viel Halt in der Stunde gegeben zu wissen, dass man alles gründlich durchdacht und für gut befunden hat ... so hatte man doch immer einen roten Faden und ein Ziel vor Augen.“ (ebd., S. 155)

Für jeden Praktikanten, für jede Praktikantin sind die ersten eigenen Unterrichtsversuche von großer Spannung und Aufgeregtheit begleitet. Dieses „Lampenfieber“ ist durchaus dem eines Schauspielers vor seinem Auftritt vergleichbar. Er hat sich in genauer Vorbereitung etwas erarbeitet und hofft nun, dies präsent zu haben und so „rüberzubringen“, dass das Publikum „mitspielt“. Die Spannung des Lehrers wie des Schauspielers hängt mit den Unwägbarkeiten zusammen, die in der Arbeit mit und zwischen Menschen auftreten. Der menschliche Faktor ist nicht völlig kalkulierbar und manipulierbar. Schüler sind keine Lernmaschinen und Lehrerinnen keine Lehrmaschinen.
Billigen deshalb auch Sie sich bei Ihren ersten Unterrichtsschritten ein gewisses Maß an Lampenfieber zu. Diese Spannung sowie die grundsätzliche Komplexität des Unterrichtsgeschehens führen dazu, dass Sie während der Stunde viele Einzelheiten gar nicht bemerken und auch von sich selbst und Ihrer Unterrichtstätigkeit nur einen diffusen bruchstückhaften Eindruck haben.
Erst längere Zeit nach dem Unterrichtsversuch gelingt es Ihnen, aus den Wahrnehmungsfragmenten einen einigermaßen kohärenten Unterrichtsablauf zu rekonstruieren. Bei dieser „Nachbereitung“ können Unterrichtsbeobachter eine große Hilfe sein. Diese sind frei von Handlungsdruck, können damit einen viel größeren Ausschnitt des Unterrichtsgeschehens wahrnehmen und haben die Möglichkeit mitzuschreiben. Aber: Auch Beobachter nehmen selektiv wahr, haben ihr subjektives Verständnis von Unterricht und können, während Sie sich vor der Klasse abmühen, ihrer eigenen methodischen Phantasie gefahrlos freien Lauf lassen. Das führt dann zu den aus Nachbesprechungen bekannten Formulierungen wie:

„Haben Sie nicht gesehen, wie die Schülerin an der Tür sich ständig gemeldet hat?“

„Wenn Sie auf die Frage von Klaus mehr eingegangen wären, hätten Sie doch einen ganz eleganten Übergang zu Ihrer Erarbeitungsphase gehabt.“

„Die gesamte hintere Tischgruppe der Mädchen war nicht bei der Sache. Da hätten Sie unbedingt eingreifen müssen.“

„Die Tafelschrift war aber kaum zu lesen.“

Um solche Hinweise mit seiner eigenen Wahrnehmung und Erinnerung zu verbinden und dann daraus zu lernen, braucht man zeitlichen und inneren Abstand. Jede Praktikantin ist nach einem Unterrichtsversuch zunächst froh, es geschafft zu haben. In dem Augenblick ist man für ein freundliches anerkennendes Wort der Beobachter dankbar und hat noch nicht das Bedürfnis nach einer tiefgehenden Analyse. Später ergeben sich dann sehr wohl eigene Fragen: „Wie war das eigentlich?" – „Ist das deutlich geworden?" – „Was ist eigentlich bei den Schülern angekommen?" – „War die Hausaufgabe verständlich formuliert?"

Aus diesen Überlegungen leiten wir einige Hinweise für die Organisation und die Inhalte von Nachbesprechungen ab.

TIPPS für Nachbesprechungen:

1. Sorgen Sie für zeitlichen Abstand zwischen Unterrichtsexperiment und Auswertungsgespräch (Problem: Stundenplan der Mentorin)!
2. Sorgen Sie für ruhige, ungestörte Atmosphäre (separater Besprechungsraum), aber auch für genügend Zeit!
3. Die Besprechung ist ein Dialog, keine Prüfung und kein Referat der Beobachter. Ausgetauscht werden Wahrnehmungen, Absichten und Einschätzungen.
4. Grundlage dieses Dialogs sollten möglichst schriftliche Unterlagen sein (Unterrichtsentwurf, Mitschriften und Notizen der Beobachter), in die jede/r Einsicht hat.
5. Im Vordergrund sollten die Lerninteressen des Praktikanten stehen. Deshalb sollten Sie thematische Vorschläge für die Besprechung machen.
6. Noch besser ist es, vor dem Unterrichtsversuch mit den Beobachtern Auswertungsschwerpunkte zu verabreden.
7. Der abgelaufene Unterricht ist nur ein Glied in einer Kette. Bitten Sie die Beobachterinnen um Ideen und Gestaltungsvorschläge für die folgende Stunde.

Der Unterrichtsbesuch

Eine noch größere Bedeutung bekommen Durchführung und Auswertung eines Unterrichtsversuches durch die Anwesenheit des Hochschulbetreuers. Die folgenden Zitate von Praktikantinnen illustrieren das Gewicht dieses Ereignisses überdeutlich.

> „Vorführstunde: Nachdem ich die ganze Nacht mehr oder weniger nicht geschlafen habe und ziemlich aufgeregt war, bin ich dann schon 45′ früher in der Schule. Hektik – der Fotokopierer funktioniert nicht – Panik – ich bin nicht mehr fähig, meine Gitarre zu stimmen ... dann gehe ich im Geist nochmals alles durch. Bei Stundenanfang bin ich natürlich noch etwas aufgeregt, aber sobald die Kinder dann machen, was ich von ihnen verlange, verschwindet die Aufregung. Die Stunde verläuft gut ... Insgesamt hat mir die Stunde Spaß gemacht und ich freue mich, dass sie geklappt hat." (GABEL, S. 125)
>
> „Ich war total hippelig und verunsichert und wäre am liebsten davongerannt ... Es war zwar nicht ganz so chaotisch, wie ich es befürchtet hatte und die Schüler haben wohl nix bemerkt, aber so toll hab ich die Stunde nicht gefunden. Lob und Kritik von dem Praktikumsbeauftragten waren recht ausgewogen und auch sehr hilfreich – ich hoffe, ich krieg' mal nur annähernd so viele Ideen in den Kopf, wie der parat hat." (GABEL, S. 124)
>
> „Eine Sache, die mir besonders negativ aufgefallen ist bezüglich der Ausbildung, ist das Heckmeck um die Stundenvorbereitungen und durchgeführten Vorführstunden. So etwas entspricht ganz und gar nicht der Realität und ist auch keinesfalls praktisch umsetzbar. Alle wissen das, aber keiner sagt etwas oder versucht, daran etwas zu ändern und Beurteilungskriterien anders anzusetzen, nicht so sehr auf methodischer Ebene, sondern eher auf der pädagogischen und dem Umgang mit den Schülern." (GABEL, S. 125/126)

Es ist gut, sich an dieser Stelle noch einmal der Beschreibung von **Funktion und Zielsetzung schulpraktischer Studien** in den verschiedenen Praktikumsordnungen zu erinnern. Es handelt sich bei diesem Studienelement nicht um eine Vorwegnahme der 2. Ausbildungsphase (Lehreranwärter-/Referendarzeit). Vielmehr geht es um Beobachtung, Erkundung und Selbsterfahrung mit nicht eigenverantwortlichen Unterrichtsversuchen im zukünftigen Berufsfeld. Die 2. Ausbildungsphase dient der Professionalisierung in weitgehend eigener Verantwortung mit einer abschließenden Staatsprüfung. Dieser konzeptionelle Unterschied ist manchmal den Schülern und Mentoren, zuweilen sogar den Hochschulvertretern nicht in allen Konsequenzen bewusst. Die Erwartungen an die Praktikanten hinsichtlich ihrer Beobachtungs-, Planungs- und Unterrichtsfähigkeit liegen – gemessen an den Vorleistungen der Universität in diesem Bereich – oft zu hoch, und die Bewertungsmaßstäbe werden aus der Referendarausbildung abgeleitet, anstatt die Bestimmungen der Praktikumsordnungen zur Basis der Operationalisierung zu machen. Und danach steht das Lernen im Zentrum. „ ‚Erprobungen' im Schulpraktikum sind keine ‚Lehrproben mit Examenscharakter', sondern ‚Lernsituationen', die in nachfolgenden Gesprächen analysiert werden, um Probleme der Planung und Durchführung von Unterricht zu erkennen, aufzuarbeiten und im Hinblick auf zukünftiges Handeln Lösungsmöglichkeiten zu finden. In ihnen wird ‚studiert', nicht ‚examiniert' ". (WITTENBRUCH 1985, S. 138)
Allerdings bleibt als grundsätzliches Problem der Schulpraktika die Dominanz des Methodischen, und zwar in der kleineren Münze des unterrichtstechno-

logischen Handelns. Die Praktikumsberichte sind voll von solchen Verhaltenselementen, die Studenten als schwierig empfinden: „Arbeitsanweisungen verständlich formulieren“ – „Abwarten können“ – „Schüleräußerungen aufeinander beziehen können“ usw.
Die Mentoren gehen auf diese Defizite auch bevorzugt ein, weil sie wissen, dass erfolgreiches Unterrichten gerade mit diesen Kleinformen (Lehrgriffen, Lehrtechniken, Teaching Skills) zu tun hat. Dies können Praktikanten aber noch gar nicht können, da für diese Kompetenzen viel praktische Übung nötig ist. Unterrichten lernt man eben nur durch Unterrichten. Und die schmale didaktische Ausbildung an der Universität kann bestenfalls Unterrichts- und Stundenkonzeptionen bis auf die Detailebene der Unterrichtsschritte vermitteln.

Deshalb unser TIPP:

Gewinnen Sie auch den Universitätsbetreuer für die Praxis, die wir in den sieben Punkten des Tipps für Nachbesprechungen formuliert haben (S. 97).

Wenig ist bisher über die **Rolle der Schüler** gesprochen worden: Sie sollen mitspielen; sie sollen ruhig und konzentriert sein; sie sollen Ideen haben, aber erst zu dem Zeitpunkt, an dem dies im Entwurf vorgesehen ist. Die Schüler bemühen sich auch, in Besuchsstunden diesen Wünschen zu folgen. Schließlich haben sie ja Erfahrungen damit. Besuche von Rektor und Schulrat, Lehrproben ihrer Klassen- und Fachlehrer, Unterrichtsbesuche bei Praktikanten sind für sie nichts Neues. Tausende von Unterrichtsstunden haben sie schon erlebt. Dabei muss man ja zum Fachmann werden. Wir halten es deshalb für förderlich, in der Nachbesprechung auch die Erfahrungen der Schüler mit dem abgelaufenen Unterrichtsexperiment zur Geltung kommen zu lassen.
„Warum sollte nicht auch in dieser Phase ein Gespräch mit Schülern, Mentoren, Studenten und Dozenten sich als eine Art von ‚Unterricht über erfahrenen Unterricht‘ anbieten? In dieser ‚Manöverkritik‘, an der Schüler in altersangemessener Form zu beteiligen sind, könnten organisatorische Einzelfragen ebenso sorgfältig behandelt werden wie Fragen des schulischen und gesellschaftlichen Mantels von Unterricht.“ (Wittenbruch 1985, S. 139)
Es gibt aber auch noch andere Möglichkeiten, um mit Schülern über den eigenen Unterricht ins Gespräch zu kommen. Sie können Rückmeldungen zu ihrer Arbeit in den Pausen oder bei außerunterrichtlichen Aktivitäten erbitten. Sie können am Ende Ihres Praktikums eine Abschlussstunde zu diesem Thema halten. Sie könnten auch eine kleine schriftliche Befragung durchführen. Anregungen dazu finden Sie bei Wolfgang Fichten (1989) und Richard Bessoth (1994, S. 360 ff.).

4. Der Praktikumsbericht

> „Das Schreiben des Praktikumsberichtes erscheint mir nach anfänglichem Widerwillen als sehr sinnvoll. Er kann nicht vollständig das wiedergeben, was ich in der Zeit des Praktikums erlebt habe, aber er ist eine gute Rückbesinnung und bietet für spätere Stundenentwürfe eine Orientierung mit der Gewissheit, dass der Unterricht in diesen Stunden funktioniert hat. Der Zeitaufwand dafür ist allerdings sehr hoch gewesen." (FRITSCH, S. 46)

Ähnlich wie im obigen Zitat beklagen viele Praktikantinnen den Arbeitsaufwand, der mit der Anfertigung des Praktikumsberichtes verbunden ist. Liegt das Produkt allerdings fertig vor, überwiegen positive Betrachtungsweisen. Der für die ausführliche schriftliche Unterrichtsplanung unterstellte heuristische

Gewinn gilt u. E. auch für den Praktikumsbericht. Ihre im Bericht veröffentlichten Erfahrungen bleiben auch nicht wirkungslos. Schulleiterinnen und Dozenten als Leser setzen sich mit Ihren Schlussfolgerungen und Ihrer Kritik oft ernsthaft auseinander und bringen sie in die folgenden Praktika ein. An vielen Universitäten werden die Praktikumsberichte gesammelt und sind für die Einsicht, Nutzung und Auswertung durch Studenten und Professorinnen zugänglich, wenn die Autoren ihr Einverständnis damit erklärt haben.
Eine schriftliche Dokumentation und Auswertung des Praktikums wird in vielen Studienordnungen gefordert. Die Namen dafür sind unterschiedlich **(Praktikumstagebuch, Didaktische Akte, Praktikumsakte, Praktikumsbericht)**, die inhaltlichen Anforderungen stimmen weitgehend überein, wobei es spezielle Anforderungen – bei einzelnen Dozenten oder durch fachdidaktische Ausprägungen bedingt – geben kann.

Meist werden folgende **Inhaltsbereiche** genannt:

1. Beschreibung der Schule und der verschiedenen Lerngruppen
2. Ergebnisse der Unterrichtsbeobachtungen
3. Planung, Protokollierung und Auswertung eigener Unterrichtsversuche einschließlich dabei entstandener Schülerarbeiten
4. Bearbeitung eines speziellen schulpädagogischen oder fachdidaktischen Problems
5. Übersicht über hospitierte und selbst gehaltene Stunden sowie andere schulische Veranstaltungen (Wandertage, Konferenz)

Die Schwerpunkte bei den einzelnen Abschnitten können unterschiedlich gesetzt werden, der seitenmäßige **Umfang** liegt zwischen 15 und 50 Seiten. Derartige Mengenangaben lösen oft Besorgnisse aus, die aber bei sinnvoller und zeitlich zweckmäßiger Arbeitsorganisation unbegründet sind.
Viele der in den Anforderungen genannten Materialien fallen schon während des Praktikums an und müssen nur dokumentiert werden. Lediglich die reflektierenden Textteile werden möglicherweise erst nach dem Ablauf des Praktikums ausformuliert. Dann aber gibt es Erinnerungslücken, die die Arbeit behindern. Hier könnte ein individuelles Tagebuch helfen.

TIPP: Praktikumstagebuch führen!

Ein kalendarisch geführtes kleines Notizbuch mit Terminen, kurzen Notizen über Besprechungsergebnisse, Eindrücken, Momentaufnahmen aus dem Schulleben, Bemerkungen zur eigenen Befindlichkeit, Ideen zu eigenen Fragestellungen und Projekten u. Ä. nimmt morgens und abends nur 10 Minuten Zeit in Anspruch, bietet Ihnen Gelegenheit zur Besinnung und ist später eine große Hilfe für die Auswertung Ihrer Erfahrungen.

Schriftliche Unterrichtsplanungen, Arbeitsmaterialien für Schüler, Medien müssen ja schon für den jeweiligen Unterrichtsversuch bereitgestellt werden. Sie brauchen sie später nur in den Bericht einzuheften, wenn Sie sie gleich angemessen ausarbeiten und Duplikate anfertigen. Wer Schreibmaschine schreiben kann, hat es leichter, wer mit dem Computer arbeitet, braucht später die einzelnen Textelemente und Medien nur neu zusammenzustellen und zu formatieren.
Die Beobachtung und Darstellung eines besonderen schulpädagogischen oder fachdidaktischen Problems bereitet manchen Praktikanten Schwierigkeiten, die dann durch eine überwiegend theoretische Darstellung auf der Basis von Fachliteratur gelöst werden. Dies halten wir nicht für zweckmäßig und empfehlen deshalb folgendes **Vorgehen**.

1. Die ausführliche Aufstellung zur Unterrichtsbeobachtung (S. 19 ff.) ist eine Fundgrube für eine mögliche Problemauswahl. Nutzen Sie diese Hilfe.
2. Erörtern Sie mit Kommilitoninnen, Mentorinnen, Schulleitung, Hochschuldozenten, aber auch mit Schülerinnen und Schülern mögliche Themen.
3. Entwickeln Sie nach der Themenfindung einen Recherche-, Beobachtungs- und Auswertungsplan, und sammeln Sie schon während des Praktikumsverlaufs entsprechende Daten. Diese können aus in der Schule bereits vorliegenden Materialien, aus eigenen Beobachtungen oder Befragungen von Lehrern und Schülern gewonnen werden.
4. Für die Systematisierung und Auswertung können Sie dann auf entsprechende Fachliteratur zurückgreifen.
5. Haben Sie keine Scheu, Ihre eigenen Erfahrungen zum Ausgangs- und Mittelpunkt zu machen, und verstecken Sie sich nicht hinter dem formalen und/oder wissenschaftlichen Apparat.
6. Abschließend noch einige bewusst ungeordnete **Themenvorschläge**:
   - Disziplinprobleme im Zusammenhang mit einer Klassenkonferenz
   - Probleme des Lehrerberufs: Fachlehrer vs. Sozialpädagoge
   - Medien im Geographieunterricht
   - Motivationsprobleme – Motivationstechniken
   - Vergleich von Schulbüchern
   - Projekttage, Projektwochen, Projektunterricht
   - Koedukation im Fach Sport
   - Innere und äußere Differenzierung
   - Rechtschreibreform und Rechtschreibunterricht
   - Vergleich der Unterrichtsstile zweier Lehrkräfte
   - Grammatik im Englischunterricht
   - Probleme der eigenen Studien-/Berufsmotivation

- Mädchen und Jungen im Physikunterricht
- Einsprachigkeit im Englischunterricht der Grundschule
- Lehrerporträts - Schülerporträts

Zum Abschluss noch einige allgemeine Tipps:

TIPP: In der Kürze liegt die Würze!

Vielleicht kennen Sie den Spruch: „Leider hatte ich keine Zeit, mich kurz zu fassen." Unser Tipp: Nehmen Sie sich die Zeit, kurz, prägnant und pointiert zu formulieren.

TIPP: Persönlichkeitsrechte bedenken!

Das Praktikum ist zuallererst auch eine Begegnung mit Menschen. Dieses Zusammentreffen kann harmonisch, aber auch konfliktreich verlaufen. Der Bericht darüber sollte keine kränkenden, herabsetzenden, verletzenden Bemerkungen oder Urteile enthalten. Dies schließt aber Selbstaussagen über Wirkung von und Umgang mit persönlichen Konflikten nicht aus.

TIPP: Verschwiegenheitspflicht und Datenschutz beachten!

Alle persönlichen Daten und Sachverhalte, die Ihnen während des Praktikums zur Kenntnis gelangen, unterliegen der Pflicht zur Verschwiegenheit. Die Erfordernisse des Datenschutzes erfüllen Sie durch Anonymisierung der Personaldaten.

5. Erfahrungen mit dem Lernen und Lehren

An den Anfang unseres Abschlusses stellen wir eine bunte Zitatesammlung, die die Vielfältigkeit der Praxiserfahrungen widerspiegeln soll.

> „Ich bin der Ansicht, dass Praktika im Studium mit dem Abschlussziel eines Lehramtes einen höheren Stellenwert einnehmen sollten. Dies gilt auch für diejenigen, die Studienrat werden wollen und damit oftmals meinen, Didaktik sei nur etwas für den Unterstufenunterricht. Der praktische Kontakt mit dem zukünftigen Arbeitsplatz sollte schon früher seinen Platz im Studienablauf finden und dann kontinuierlich weitergeführt werden." (Gymnasium, FRITSCH, S. 46)
>
> „Die erste Feststellung, die ich mache, wenn ich an das vierwöchige Praktikum zurückdenke, ist, dass die Zeit sehr schnell vergangen ist und mir die große Angst, vor einer Klasse zu stehen und zu unterrichten, hoffentlich endlich genommen wurde." (Grundschule)
>
> „Für mich selbst kann ich feststellen, dass es mir sehr großen Spaß gemacht hat, obwohl mir gleich die erste Stunde der Einheit meine Grenzen aufgezeigt hat und für mich damals einem Fiasko gleichkam. Im Nachhinein jedoch bin ich dafür dankbar, und ich glaube, dass ich gerade durch meine Fehler sehr von diesem Praktikum profitieren konnte." (Grundschule)
>
> „Mich hat das Praktikum in jedem Fall in meiner Berufswahl bestärkt." (Gymnasium)
>
> „Auch die Beobachtung, dass Schüler grundsätzlich nicht von Natur aus ‚gemein und boshaft' sind und einen Sport darin sehen, Praktikanten und Referendare ‚fertig zu machen', stellt eine gewisse Beruhigung dar. Selbst äußerst konzentrationsschwache, laute, unruhige Schüler, die nur ungerne und wenig motiviert zur Schule gehen, wurden, so oft sie auch störten und Grenzen austesteten, kaum als ‚persönlich unangenehm' erlebt. Es war hilfreich, durch zahlreiche Hospitationen verschiedene Lehrerpersönlichkeiten im Umgang mit verschiedenen Lerngruppen erleben zu können." (Gesamtschule)
>
> „Insgesamt würde ich weiterhin verstärkt dafür plädieren, während des Lehramtsstudiums mehr Praktika einzuführen, da es nicht nur darum geht, sich vor einer Klasse ‚auszuprobieren', sondern auch darum, den Alltag eines Lehrers kennen zu lernen." (Gymnasium)
>
> „Schade, dass es vorbei ist. Es waren so viele Momente dabei, wo ich mir dachte, dass ich doch das Richtige für mich getroffen habe. Ohne die Praktika und meine Arbeit bei der VHS hätte ich mein Studium wohl frustriert an den Nagel gehängt, da der Praxisbezug doch verhältnismäßig gering ist." (GABEL, S. 127)

> „Ein Praktikum hilft beim Hineinwachsen in den zukünftigen Beruf (wenn alles gut geht). Ich denke, es ist wirklich absolut nötig – zum Erfahrungen sammeln und zum Erkennen, ob man einer solchen Aufgabe, die man mindestens 30 Jahre lang ausführt, überhaupt gewachsen ist. Ich hoffe, ich bin es – es macht nämlich Spaß."
> (GABEL, S. 127)

Aus diesen Stellungnahmen von Praktikantinnen geht eindeutig eine positive Grundhaltung zu Praxisphasen im Studium für *alle* Lehrämter hervor. Auch unter den Praktikanten, die wir in den vergangenen Jahren betreut haben, gab es niemanden, der sich für einen Verzicht auf schulpraktische Studien ausgesprochen hätte.
Den **Gewinn der Praktika** sehen die Studierenden vor allem in folgenden Bereichen:

1. Die Studien- und Berufswahlentscheidung konnte überprüft und bestätigt, Ängste konnten abgebaut werden.
2. Das Berufsfeld, vor allem die Arbeit mit den Kindern/Schülern, gibt einen neuen Motivationsschub.
3. Der zukünftige Lern- und Studienbedarf wird erkannt.

Die **Lernerfahrungen außerhalb der Universität** bewirken auch eine kritische Sicht auf die Studienangebote. Sie werden oft als zu theoretisch, zu praxisfern und zu fachwissenschaftlich kritisiert. Die Inhalte von Schule werden selten als Universitätsinhalte wiedererkannt. So fühlen sich die Praktikanten auf die Anforderungen des Praktikums nicht immer gut vorbereitet und formulieren als Schlussfolgerung für die weitere Studiengestaltung die Absicht, mehr fachdidaktische, pädagogische und psychologische Lehrveranstaltungen zu besuchen.
Es werden auch die **Belastungen des Praktikums** schmerzhaft erfahren und als Kritik formuliert. Im Vordergrund steht die zeitliche Belastung, wenn neben der Schultätigkeit auch noch Seminare besucht und entsprechende Arbeiten angefertigt werden müssen und darüber hinaus der Job Anforderungen stellt. Demzufolge gilt eine weitere Kritik dem hohen Arbeitsaufwand, der mit ausführlichen Unterrichtsplanungen und dem Praktikumsbericht verbunden ist. Kritisiert wird auch, wenn man sich die Hospitations- und Unterrichtsstunden erst mühsam erkämpfen muss und dann wenig Planungshilfen von den Lehrerinnen bekommt. Als größte Belastung wird aber zweifellos der Unterrichtsbesuch des Praktikumsbetreuers erlebt. Der mit diesen „Vorführstunden" verbundene psychische Stress ist durchaus nachvollziehbar, aber durch die begütigenden Hinweise, dass man zur Beratung und nicht zur Prüfung oder gar Aburteilung kommt, nicht abbaubar. Zumindest, solange die schulpraktischen Phasen eine solche Ausnahme (zwölf Wochen in vier Jahren)

darstellen und solange die Hochschulbetreuerinnen nur zu Besuch kommen und die Auswertung begleiten, aber in den Planungsprozess nicht kontinuierlich eingebunden sind.

Trotz dieser Mängel bleiben die Lern- und Lehrerfahrungen der Praktikanten in positiver Erinnerung, so wie es in einem Zitat am Anfang ausgedrückt wurde:

„... es macht nämlich Spaß."

Literaturverzeichnis

Wichtige ältere Arbeiten sind mit einem Copyright-Zeichen (©) versehen, das Auskunft über das Datum der Erstveröffentlichung gibt. Wir haben in einigen Fällen aus Erstveröffentlichungen (hier fehlt das Copyright-Zeichen), in anderen Fällen aus Nachauflagen zitiert (hier steht das Copyright-Zeichen).

AEBLI, Hans: Grundlagen des Lehrens. Eine Allgemeine Didaktik auf psychologischer Grundlage. Stuttgart: Klett-Cotta 1987

BECK, Gertrud; **SCHOLZ**, Gerold: Beobachten im Schulalltag. Berlin: Cornelsen Verlag Scriptor 1995

BESSOTH, Richard: Lehrerberatung – Lehrerbeurteilung. Neuwied, Kriftel, Berlin: Luchterhand 1994

BLOOM, Benjamin S. u. a. (Hg.).: Taxonomie von Lernzielen im kognitiven Bereich. Weinheim, Basel: Beltz 1976 (5. Aufl.) (© 1956)

BREITINGER, Eugen Oscar: Wandtafelzeichnen in der Volksschule. Eine Arbeitshilfe für die Lehrerbildung und die Schulpraxis. Berlin, Neuwied: Luchterhand 1966

COMENIUS, Jan Amos: Analytische Didaktik. In: COMENIUS, Jan Amos: Allweisheit. Schriften zur Reform der Wissenschaften, der Bildung und des gesellschaftlichen Lebens. Eingeleitet, ausgew., übers. und erl. von Franz HOFMANN. Berlin: Luchterhand 1992

CZERWENKA, Kurt u. a.: Schülerurteile über die Schule: Bericht über eine internationale Untersuchung. Frankfurt am Main u. a.: Lang 1990

DAVE, R. H.: Eine Taxonomie pädagogischer Ziele und ihre Beziehung zur Leistungsmessung. In: INGENKAMP, K.; MARSOLEK, T. (Hg.): Möglichkeiten und Grenzen der Testanwendung in der Schule. Weinheim: Beltz 1968, S. 225–239

Deutscher Bildungsrat: Empfehlungen der Bildungskommission. Strukturplan für das Bildungswesen. Verabschiedet auf der 27. Sitzung der Bildungskommission am 13. Februar 1970. Bonn 1970

DIEDERICH, Jürgen: Didaktisches Denken. Eine Einführung in Anspruch und Aufgabe, Möglichkeiten und Grenzen der Allgemeinen Didaktik. Weinheim, München: Juventa 1988

FICHTEN, Wolfgang: Was kann man tun, um mit Schülern über Unterrichtsmethoden ins Gespräch zu kommen? *Pädagogik* 41, 1989, 1, S. 30–35

FRITSCH, Andreas: Über den Wert fachdidaktischer Studien. In: BAYER, K.; PETERSEN, P.; WESTPHALEN, K.: (Hg.): Die Antike und ihre Vermittlung – Festschrift für Friedrich MAIER zum 60. Geburtstag. München: Oldenbourg 1995, S. 40–57

GABEL, Petra: Lehren und Lernen im Fachpraktikum Englisch: Wunsch und Wirklichkeit. Tübingen: Narr 1997

GLÖCKEL, Hans: Vom Unterricht. Lehrbuch der Allgemeinen Didaktik. Bad Heilbrunn: Klinkhardt 1992 (2. Aufl.)

GREGOR-DELLIN, Martin (Hg.): Deutsche Schulzeit. Erinnerungen und Erzählungen aus drei Jahrhunderten. München: Nymphenburger 1979

GRELL, Jochen; **GRELL**, Monika: Unterrichtsrezepte. Weinheim, Basel: Beltz 1993 (69.–74. Tsd.)

GRÜNER, Gustav: Tafel und Kreide in der Schule. Ein praktisch-pädagogischer Kurs für Lehrer. Braunschweig: Westermann 1970 (2. Aufl.)

HANDKE, Ulrike: Der Mutmacher. Ratgeber für den pädagogischen Berufseinstieg. Berlin: Cornelsen Verlag Scriptor 1997

HEIMANN, Paul: Didaktische Grundbegriffe Teil 1. Vortrag vom 7.12.1961. In: REICH, K.; THOMAS, H. (Hg.): HEIMANN, Paul: Didaktik als Unterrichtswissenschaft. Stuttgart: Klett 1976, S. 103–141 (© 1961)

HEIMANN, Paul: Didaktik als Theorie und Lehre. In: REICH, K.; THOMAS, H. (Hg.): HEIMANN, Paul: Didaktik als Unterrichtswissenschaft. Stuttgart: Klett 1976, S. 142–167 (© 1962)

HEIMANN, Paul; **OTTO**, Gunter; **SCHULZ**, Wolfgang: Unterricht. Analyse und Planung. Hannover u. a.: Schroedel 1977 (9. Aufl.) (© 1965)

HEURSEN, Gerd: Ungewöhnliche Didaktiken. Hamburg: Bergmann & Helbig 1997 (= PB-Bücher 31)

JANK, Werner; **MEYER**, Hilbert: Didaktische Modelle. Frankfurt am Main: Cornelsen Verlag Scriptor 1991

KLAFKI, Wolfgang: Didaktische Analyse als Kern der Unterrichtsvorbereitung. *Die Deutsche Schule* 1958, 10, S. 450–471

KLAFKI, Wolfgang: Studien zur Bildungstheorie und Didaktik. Weinheim, Basel: Beltz 1963

KLAFKI, Wolfgang: Neue Studien zur Bildungstheorie und Didaktik. Weinheim, Basel: Beltz 1994 (4. Aufl.) (© 1985)

KLINGBERG, Lothar: Einführung in die Allgemeine Didaktik. Vorlesungen. Berlin (DDR): Volk und Wissen 1974 (2. Aufl.) (© 1972)

KLINGBERG, Lothar: Lehren und Lernen. Inhalt und Methode. Zur Systematik und Problemgeschichte didaktischer Kategorien. Oldenburg: BIS Vlg. 1995

KLIPPERT, Heinz: Methoden-Training. Übungsbausteine für den Unterricht. Weinheim: Beltz 1997 (6. Aufl.)

KOUNIN, Jakob S.: Techniken der Klassenführung. Bern, Stuttgart: Huber 1976

KRAMP, Wolfgang: Hinweise zur Unterrichtsvorbereitung für Anfänger. *Die Deutsche Schule* 52, 1962, 2, S. 78–103

KRATHWOHL, David R.; **BLOOM**, Benjamin S.; **MASIA**, Bertram B.: Taxonomie von Lernzielen im affektiven Bereich. Weinheim, Basel: Beltz 1975 (© 1964)

Lehramtsprüfungsordnung (Bayern) – Ordnung der ersten Staatsprüfung für ein Lehramt an öffentlichen Schulen i. d. Fassung v. 1998. In: Schulrecht für das Land Bayern. Luchterhand Verlag
Lütgert, Will: Was leisten die Modelle der allgemeinen Didaktik? Sechs polemische Thesen und ein Vorschlag. *Neue Sammlung* 21, 1981, 6, S. 578–594

Mager, Robert F.: Lernziele und Programmierter Unterricht. Weinheim, Basel: Beltz 1965
Martial, Ingbert von; **Bennack**, Jürgen: Einführung in schulpraktische Studien. Baltmannsweiler: Schneider 1997 (4. Aufl.)
Merz, German: Das schulpädagogische Praktikum in der bayerischen Lehrerbildung. Frankfurt am Main: Lang 1989
Meyer, Hilbert, L.: Trainingsprogramm zur Lernzielanalyse. Königstein/Ts. 1984 (11. Aufl.) (© 1974)
Meyer, Hilbert: Leitfaden zur Unterrichtsvorbereitung. Frankfurt am Main: Cornelsen Verlag Scriptor 1991 (11. Aufl.) (© 1980)
Meyer, Hilbert: Unterrichtsmethoden. 2 Bde. Frankfurt am Main: Cornelsen Verlag Scriptor 1987
Meyer, Hilbert: Schulpädagogik. 2 Bde. Berlin: Cornelsen Verlag Scriptor 1997
Miller, Reinhold: Lehrer lernen. Ein pädagogisches Arbeitsbuch für Lehreranwärter, Referendare, Lehrer und Lerngruppen. Weinheim, Basel: Beltz 1993 (5. Aufl.)
Mindt, Dieter: Unterrichtsplanung Englisch für die Sekundarstufe I. Stuttgart: Klett 1995 (2. erw. Aufl.)
Moreno, J. L.: Who Shall Survive? dt.: Grundlagen der Soziometrie. Köln, Opladen: Westdeutscher Vlg. 1967 (2. Aufl.) (© 1934)
Möller, Christine: Technik der Lernplanung. Weinheim, Basel: Beltz 1973 (4. Aufl.) (© 1969)
Mühlhausen, Ulf: Überraschungen im Unterricht. Situative Unterrichtsplanung. Weinheim, Basel: Beltz 1994
Müller, Werner: Der Tageslichtprojektor im Lateinunterricht. Eine Einführung mit praktischen Beispielen. Bamberg: Buchner 1981

Peterßen, Wilhem H.: Handbuch Unterrichtsplanung. Grundfragen, Modelle, Stufen, Dimensionen. München: Oldenbourg 1996 (7. Aufl.)

Schorb, Alfons O.; **Louis**, Brigitte: Unterrichtsanalyse. München: Ehrenwirth 1975
Schulz, Wolfgang: Unterricht – Analyse und Planung. In: HEIMANN, Paul; OTTO, Gunter; SCHULZ, Wolfgang: Unterricht. Analyse und Planung. Hannover: Schroedel 1977 (9. Aufl.) (© 1965)
Schulz, Wolfgang: Unterrichtsplanung heute. In: KLEDZIK, Ulrich-J. (Hg.): Unterrichtsplanung – Beispiel Hauptschule. Hannover: Schroedel 1971 (2. Aufl.), S. 30–41 (© 1970)
Schulz, Wolfgang: Unterrichtsplanung. Mit Materialien aus Unterrichtsfächern. München, Wien, Baltimore: Urban & Schwarzenberg 1981

Schulz, Wolfgang: Anstiftung zum didaktischen Denken. Unterricht - Didaktik - Bildung. Weinheim, Basel: Beltz 1996
Schwark, Wolfgang: Praxisnahe Unterrichtsanalyse. Ravensburg: Maier 1977
Stary, Joachim: Visualisieren. Ein Studien- und Praxisbuch. Berlin: Cornelsen Verlag Scriptor 1997
Stary, Joachim; **Kretschmer**, Horst: Umgang mit wissenschaftlicher Literatur. Eine Arbeitshilfe für das sozial- und geisteswissenschaftliche Studium. Frankfurt am Main: Cornelsen Verlag Scriptor 1994

Terhart, Ewald: Lehr-Lernmethoden. Eine Einführung in Probleme der methodischen Organisation von Lehren und Lernen. Weinheim, München: Juventa 1989
Terhart, Ewald u. a.: Berufsbiographien von Lehrern und Lehrerinnen. Frankfurt am Main: Lang 1994
Terhart, Ewald: Gute Lehrer - schlechte Lehrer. In: SCHWARZ, Bernd; PRANGE, Klaus (Hg.): Schlechte Lehrer/innen. Zu einem vernachlässigten Aspekt des Lehrerberufs. Weinheim, Basel: Beltz 1997, S. 34–85
Treitz, Norbert: Bewegliche Folienmodelle für die Sekundarstufe I. *Naturwissenschaften im Unterricht (Physik/Chemie)* 28, 1980, 10, S. 321–339

Unterricht in Dokumenten, Beiheft zu den Filmen 33 2670/33 2601. Hrsg. vom Institut für Film und Bild in Wissenschaft und Unterricht. Grünwald: 1976

Verordnung über die schulpraktische Ausbildung für ein Lehramt während des Studiums (Praktikumsordnung) vom 26. September 1997. In: Gesetz- und Verordnungsblatt für Berlin, 53. Jahrgang, Nr. 42 vom 17. Oktober 1997, S. 487–489

Weber, Ruth: Praktikanten in der Schule. *Schulverwaltung* 1994, 4, S. 102–105
Wellenhofer, Walter: Grundlagen einer modernen Arbeitsblatt-Praxis. Ziele, Konzeptionen, Möglichkeiten, Grenzen. München: ‚PimS' 1991
Werres, Walter: Anregungen und Vorschläge zur Unterrichtsbeobachtung im Schulpraktikum. In: WITTENBRUCH 1985, S. 159–173
Wiater, Werner: Der Praktikumsbegleiter. Beobachten und analysieren, planen und versuchen, überprüfen und verbessern. Intensivkurs Schulpraktikum. Donauwörth: Auer 1994
Winnefeld, Friedrich: Kategorien der kontaktpädagogischen Analyse. In: BOECKMANN, K. (Hg.): Analyse von Unterricht in Beispielen. Stuttgart: Klett 1980, S. 53–61
Wittenbruch, Wilhelm: Schulpraktikum. Stuttgart: Kohlhammer 1985

Zielinski, Werner: Lernschwierigkeiten. In: WEINERT, F. E. (Hg.): Psychologie des Lernens und der Instruktion. Göttingen, Bern, Toronto, Seattle: Hogrefe 1996, S. 369–402
Zirk, Otto: Die Schule des Tafelzeichnens. München: Ehrenwirth 1969

Ergänzendes Glossar

Dieses Wörterverzeichnis kann selbstverständlich kein schulpädagogisches Lexikon ersetzen. Wir beschränken uns deshalb auf einige wenige Begriffe, die im Text nicht oder nur knapp erwähnt wurden.
Eine detailliertere Darstellung finden Sie in folgenden **Wörterbüchern**:

- HINTZ, D.; PÖPPEL, K. G.; REKUS, J.: Neues schulpädagogisches Wörterbuch. Weinheim, München: Juventa 1993
- KECK, R.; SANDFUCHS, U. (Hg.): Wörterbuch der Schulpädagogik. Ein Nachschlagewerk für Studium und Schulpraxis. Bad Heilbrunn: Klinkhardt 1994
- KELLER, J. A.; NOVAK, F.: Kleines Pädagogisches Wörterbuch. Grundbegriffe, Praxisorientierungen, Reformideen. Freiburg, Basel, Wien: Herder 1993 (2. Aufl.)
- KÖCK, P.; OTT, H.: Wörterbuch für Erziehung und Unterricht: 3 100 Begriffe aus den Bereichen Pädagogik, Didaktik, Psychologie, Soziologie, Sozialwesen. Donauwörth: Auer 1994 (5. Aufl.)
- MÄHLER, B.; SCHRÖDER, S.: Kleines Schullexikon. Frankfurt am Main: Cornelsen Verlag Scriptor 1991

Abbilddidaktik

Mit diesem Begriff werden didaktische Konzepte belegt, bei denen das Schulfach und der entsprechende Fachunterricht als ein reduziertes Abbild der Universitätsdisziplin betrachtet werden. Strukturen, Inhalte und Methoden der **Fach**wissenschaft werden als alleinige Instanz für die Planungsentscheidungen des **Fach**lehrers herangezogen.
Im Gegensatz dazu steht der Begriff **Beziehungsdidaktik**, durch den ausgedrückt werden soll, dass aus dem Beziehungsgeflecht von gesellschaftlichen pädagogischen, psychologischen, fachwissenschaftlichen und methodischen Überlegungen die Gestaltung des Unterrichts erwächst.

Basaltext

Der Begriff stammt aus der programmierten Unterweisung, wird aber auch in manchen Fachdidaktiken benutzt, um das **Mindestwissen** zu bezeichnen, das durch den Lernprozess erworben werden soll.

Curriculum

Lehrplan; Beschreibung der Aufgaben von Schule und Unterricht in Form einer organisierten Folge von Lernprozessen. Die Lehrpläne sind die Grundlage für die von den Lehrenden zu erstellenden Arbeitspläne, die konkret die Lerninhalte für eine Woche, einen Monat, ein Quartal oder ein Jahr festlegen (Wochen-, Monats-, Quartals-, Jahresplan). Sie beschreiben: Ziele, Inhalte, Methoden und die Formen der Lern-Erfolgskontrolle. Eine wichtige Form des Curriculums ist das **Spiralcurriculum**. In ihm werden gleiche Unterrichtsinhalte in verschiedenen Klassenstufen immer wieder aufgenommen und führen, angepasst an das jeweilige Abstraktionsvermögen und den Entwicklungsstand der Schüler, zu immer komplexeren Einsichten.

Differenzierung

Darunter versteht man alle organisatorischen und methodischen Maßnahmen, durch die individuelle Begabungen, Fähigkeiten und Interessen der Lernenden berücksichtigt werden. **Äußere Differenzierung** (verschiedene Schularten, Fach-Züge, Kursgruppen) ist von innerer oder **Binnen-Differenzierung** zu unterscheiden. Bei der Binnen-Differenzierung wird innerhalb einer Lerngruppe während des regulären Unterrichts versucht, durch unterschiedliche Themenschwerpunkte, Zielsetzungen, Aufgabenstellungen, Medien, Zeitbudgets und Lernkontrollen eine Individualisierung des Lernens zu ermöglichen.

Genetisches Lernen

Eine vom naturwissenschaftlichen Unterricht (M. WAGENSCHEIN) angeregte Methode, bei der die Schüler einen Problem-/Sachzusammenhang in seiner Entstehung (Genese) und über die Stufen seiner Entwicklung möglichst selbständig nachvollziehen. Es besteht eine enge Beziehung zu Formen des entdeckenden Lernens (J. S. BRUNER).

Kreativität

Unter Kreativität versteht man die Schöpferkraft, die Fähigkeit zu origineller, divergierender Denkweise zur Produktion neuartiger Formen und Inhalte. Der Begriff fasst die Fähigkeit der Lernenden, für sie neue und originelle Lösungsmöglichkeiten für ein Problem selbst zu finden, wobei es sich um ungewöhnliche Gedankenverbindungen handeln kann, die aber stets sinnvoll miteinander verknüpft sein müssen.

Leistungsmessung

Mit dem Begriff Leistungsmessung werden Arrangements, Maßnahmen und Verfahren zusammengefasst, die über Lernprozess und Lernergebnis informie-

ren. Dazu gehören als Unterbegriffe *Lernerfolgs-/Lernzielkontrolle, Leistungsbewertung, Benotung, Schülerbeurteilung.*
Leistungsmessung sollte vor allem als **Hilfe im Lernprozess** und nicht als Mittel zur Selektion eingesetzt werden. Während die traditionelle Form der Kontrollen hauptsächlich Auslese- und Disziplinierungsfunktion aufweist, kann der möglichst häufige Einsatz von rein diagnostischen Tests den Lernenden helfen, unabhängig vom Notendruck ihren eigenen Lernerfolg einzuschätzen. Deshalb ist bei einer Beurteilung für die Motivation der Lernenden auch besonders wichtig, den individuellen Lernfortschritt zu betrachten und mitzuteilen. Neben dieser **Beurteilungsgrundlage** spielen sowohl die Leistung des Lernenden innerhalb seiner Bezugsgruppe (Klassenverband, Kurs) eine Rolle als auch ein abstrakter, allgemein formulierter Standard.
Die Lernenden sollten dabei schon vor der Lernerfolgskontrolle über die **Bewertungskriterien** für eine bestimmte Beurteilung oder Zensur zumindest informiert werden. Grundsätzlich sollte nur das gemessen und beurteilt werden, was vorher gelehrt, gelernt, geübt wurde.

Lernmotivation

ist die grundsätzliche menschliche Bereitschaft, sich mit der Umwelt handelnd auseinanderzusetzen und das individuelle Verhalten zielbestimmt zu regulieren. Hinsichtlich der Motive werden *intrinsische* (Neugier, Sachinteresse, Spiel- und Funktionslust) und *extrinsische* (soziale Anerkennung und Zuwendung, Macht, Furcht vor Strafe und Misserfolg, Aufstieg) **Lernmotivation** unterschieden.

Unterrichtskonzepte, alternative

Unterrichtskonzepte sind nach Meyer (1987, I) „Gesamtorientierungen methodischen Handelns“, die aus der Kritik am herrschenden Schulwesen **alternative** Vorstellungen entwickeln, wie Schule und Unterricht gestaltet werden *sollten*. Ihr Merkmal ist eine ausgeprägte Schülerorientierung. Interessen und Erfahrungen der Schülerinnen und Schüler sollen zum Ausgangspunkt eines möglichst handlungsbezogenen (Kopf, Herz und Hand), selbstbestimmten und offenen Lernprozesses werden.
Viele dieser Konzepte (Projektunterricht, Offener Unterricht, Erfahrungsbezogener Unterricht, Handlungsorientierter Unterricht) greifen Vorschläge, Ideen, Überzeugungen der Reformpädagogik zu Beginn dieses Jahrhunderts auf (J. Dewey, B. Otto, H. Gaudig, P. Peterßen u. a.).

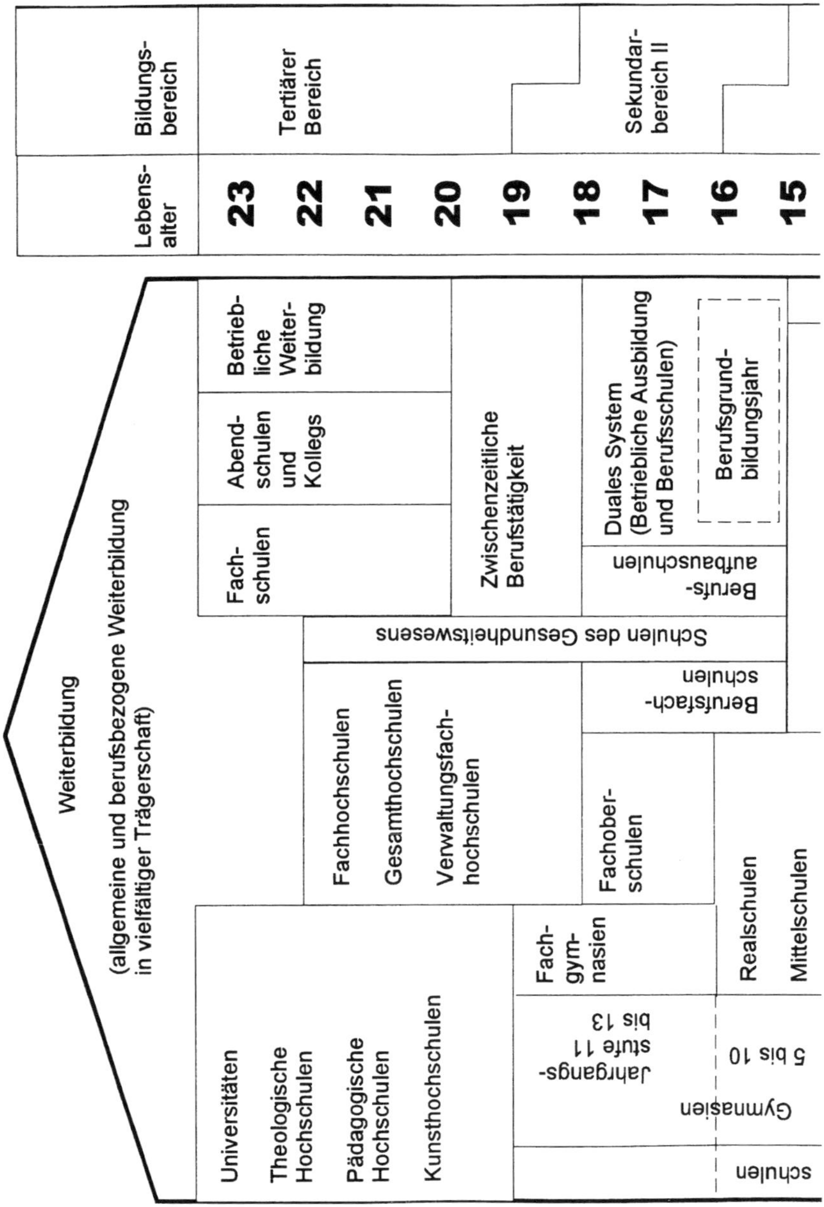

Aufbau des Bildungssystems

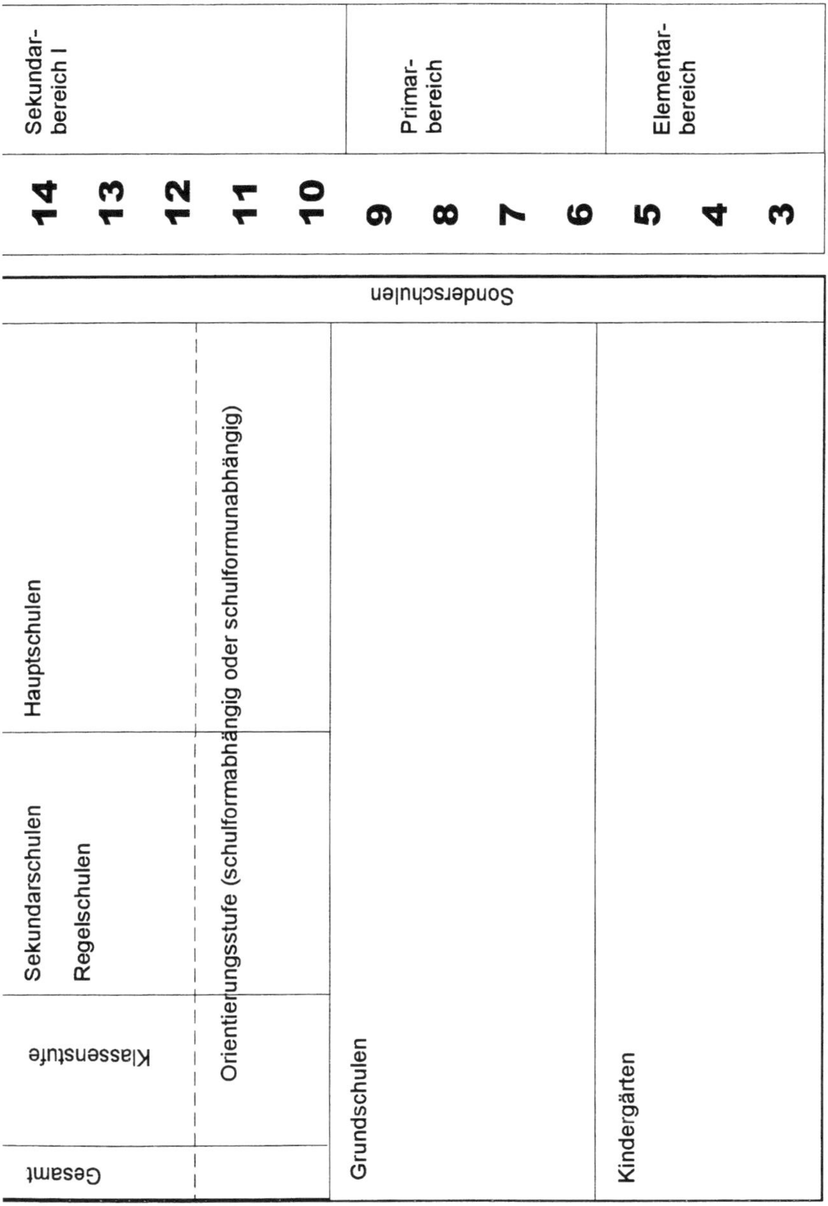

Sekundarbereich I
Primarbereich
Elementarbereich
14
13
12
11
10
9
8
7
6
5
4
3
Sonderschulen
Hauptschulen
Sekundarschulen
Regelschulen
Klassenstufe
Gesamt
Orientierungsstufe (schulformabhängig oder schulformunabhängig)
Grundschulen
Kindergärten

Sachregister